EDUARDO MARQUES VIEIRA ARAÚJO

Mestre em Direito pela Universidade Federal de Minas Gerais. Especialista em Direito e Processo do Trabalho.
Analista Judiciário do Tribunal Regional Eleitoral de Minas Gerais.
Ex-Analista Judiciário do Tribunal Regional do Trabalho da 3ª Região.

...EITO DO TRABALH...
...ÓS-POSITI...

POR UMA TEORIA GERAL JUSTRABALHISTA NO CONTEXTO DO NEOCONSTITUCIONALISMO

LTr

EDITORA LTDA.

© Todos os direitos reservados

Rua Jaguaribe, 571
CEP 01224-001
São Paulo, SP — Brasil
Fone (11) 2167-1101
www.ltr.com.br

Produção Gráfica e Editoração Eletrônica: GRAPHIEN DIAGRAMAÇÃO E ARTE
Projeto de Capa: FABIO GIGLIO
Impressão: PIMENTA GRÁFICA

LTr 4898.5
Maio, 2014

Dados Internacionais de Catalogação na Publicação (CIP)
(Câmara Brasileira do Livro, SP, Brasil)

Araújo, Eduardo Marques Vieira

O direito do trabalho pós-positivista : por uma teoria geral justrabalhista no contexto do neoconstitucionalismo / Eduardo Marques Vieira Araújo. — 1. ed. — São Paulo : LTr, 2014.

Bibliografia.
ISBN 978-85-361-2866-5

1. Democracia 2. Direito constitucional 3. Direito constitucional — Brasil 4. Direito do trabalho 5. Direito do trabalho — Brasil 6. Direitos fundamentais — Brasil I. Título.

14-01145

CDU-34:331(81)

Índices para catálogo sistemático:
1. Brasil : Direito do trabalho   34:331(81)

Agradecimentos

Gostaria de agradecer a meus pais por me mostrarem, desde sempre, que a educação é uma forma de vida. Agradeço também a eles por me proporcionarem os privilégios de estudar, aprender, progredir e ensinar. Minha afeição pelo Direito do Trabalho nada mais é que consequência dos valores que incorporei por hereditariedade: respeito ao próximo, indignação com a desigualdade e solidariedade.

Dirijo meus mais sinceros agradecimentos à Professora Daniela Muradas Reis, grande incentivadora e orientadora desta obra, com quem me identifico plenamente por compartilharmos a angústia própria daqueles que se sensibilizam com a opressão estrutural do capitalismo sobre o trabalho.

À Professora Gabriela Neves Delgado, por toda a vibração que me impulsionou no início da minha caminhada na vida acadêmica. Em sua orientação humanista e consistente em favor da afirmação da justiça social, encontrei refúgio contra o ideário conservador que desconsidera a centralidade do trabalho na ordem social e econômica brasileira.

Aos grandes mestres Márcio Túlio Viana, Antônio Álvares da Silva, Adriana Goulart de Sena Orsini e Antônio Gomes de Vasconcelos, pelos inúmeros e valiosos ensinamentos, que me permitiram refletir sobre os grandes desafios do mundo do trabalho.

À Letícia Ferreira, pelo apoio incondicional durante a elaboração desta obra, pela cumplicidade de todas as horas e pelo carinho e amor infinitos.

Finalmente, agradeço à Faculdade de Direito da Universidade Federal de Minas Gerais, a acolhedora Vetusta Casa de Afonso Pena, onde me formei como profissional e, antes de tudo, como cidadão.

Sumário

APRESENTAÇÃO — *Gabriela Neves Delgado* 7

PREFÁCIO — *Daniela Muradas Reis* 9

1. INTRODUÇÃO 13

2. PÓS-POSITIVISMO E NEOCONSTITUCIONALISMO 18

    2.1. A superação do paradigma positivista por meio da reconstrução ética da ordem jurídica: o Estado Democrático de Direito 18

    2.2. O movimento do neoconstitucionalismo: centralidade e normatividade da Constituição 22

    2.3. Princípios jurídicos na perspectiva filosófica pós-positivista 24

    2.4. O novo constitucionalismo e a judicialização dos grandes desafios sociais no Estado Democrático de Direito 27

3. A PRINCIPIOLOGIA CONSTITUCIONAL COMO INSTRUMENTO DE EFETIVAÇÃO DOS DIREITOS FUNDAMENTAIS NAS RELAÇÕES DE TRABALHO 33

    3.1. A Constituição cidadã e o compromisso com a efetividade dos direitos fundamentais trabalhistas: a centralidade do valor trabalho na República Federativa do Brasil 33

    3.2. A proeminência constitucional do valor trabalho e a natureza jusfundamental dos direitos trabalhistas 40

    3.3. De como o texto constitucional deve ser levado a sério. Crítica à discricionariedade judicial e manifesto contra o discurso da inefetividade dos direitos fundamentais 43

    3.4. Efetividade dos direitos fundamentais nas relações de trabalho .. 49

4. DIREITO DO TRABALHO PÓS-POSITIVISTA 55

    4.1. A viravolta trabalhista: de como o objeto do Direito do Trabalho ultrapassa os limites estritos da relação de emprego 55

4.2. O contrato constitucional de trabalho: a parametricidade constitucional como pressuposto de validade para o exercício do poder empregatício 59

4.3. Autonomia dos direitos fundamentais trabalhistas e seu caráter contramajoritário: da vedação ao retrocesso social no âmbito do Direito do Trabalho. A problemática da flexibilização justrabalhista no Brasil.. 75

4.4. Enfrentamento tópico de grandes desafios trabalhistas no Brasil   81

    4.4.1. Direito de greve dos servidores públicos civis 82

    4.4.2. Terceirização de serviços 89

    4.4.3. Dispensa imotivada individual e coletiva 97

5. CONSIDERAÇÕES FINAIS 104

REFERÊNCIAS BIBLIOGRÁFICAS... 107

Apresentação

"O Direito do Trabalho Pós-Positivista: por uma teoria geral justrabalhista no contexto do neoconstitucionalismo" é um livro contemporâneo, de forte matiz social, que se propõe a "lançar as bases para uma leitura constitucionalmente adequada do Direito do Trabalho, a partir dos referenciais teóricos do pós-positivismo e do neoconstitucionalismo".

Eduardo Marques Vieira Araújo, o autor da obra, expressa formação teórica sólida, de orientação progressista, ao priorizar a análise do Direito do Trabalho a partir da dimensão constitucional de regência de direitos e garantias fundamentais, "e não somente por meio da exegese acrítica de dispositivos da Consolidação das Leis do Trabalho".

A proposta de articulação teórica do Direito do Trabalho e dos pressupostos de proteção ao trabalho, a partir da reflexão constitucional, assegura densidade à obra, sendo decisiva ao seu processo de estruturação. Acertadamente, o autor reforça que tal vinculação teórica deve ser compreendida como "uma exigência do Estado Democrático de Direito, e não uma opção".

Com coragem e amparado em diversificada e consistente bibliografia, Eduardo Marques exige do leitor uma tomada de consciência ao provocar o debate sobre o fundamento de proteção ao trabalho previsto pela Constituição Federal de 1988, posicionando-se a favor da vocação expansionista do Direito do Trabalho. Defende, nessa esteira, a "edificação de um Direito do Trabalho pós-positivista, aberto à investigação dos grandes desafios do mundo do trabalho", o que somente seria possível por meio da concretização da "ideia de um contrato constitucional de trabalho, forjado mediante a aferição da parametricidade constitucional como pressuposto de sua validade".

Compartilho com o autor a necessidade de reforço à tutela ao trabalho e ao Direito do Trabalho, sem prejuízo da preservação do modelo jurídico mais complexo e minucioso para a relação de emprego. Aliás, o Direito do Trabalho, em sua relação com o Direito Constitucional, é considerado um dos mais sólidos e democráticos instrumentos para a concretização da dignidade do ser humano. Tal premissa não pode e não deve ser desconsiderada.

Eis aqui uma breve apresentação da obra de Eduardo Marques, defendida, com êxito, na qualidade de dissertação de mestrado, no Programa de Pós-Graduação em Direito da Universidade Federal de Minas Gerais.

Por todas essas razões e sobretudo por provocar o leitor quanto à necessidade de revisitação dos parâmetros constitucionais de interpretação do Direito do Trabalho, é que espero que essa obra, ora apresentada à comunidade acadêmica, seja festejada e o autor prestigiado com merecido sucesso.

Brasília, janeiro de 2014.

Gabriela Neves Delgado
Professora Adjunta de Direito do Trabalho da
Faculdade de Direito da Universidade de Brasília — UnB.

Prefácio

Raskólnikov, protagonista de *Crime e Castigo*, em devaneio monologar conclui: "É isso: tudo está ao alcance do homem e tudo lhe escapa, em virtude de sua covardia... Já virou até axioma. Coisa curiosa a observar-se: que é que os homens temem, acima de tudo? — O que for capaz de mudar-lhes os hábitos: eis o que mais apavora..." (DOSTOIÉVSKI, Crime e Castigo, 1982, p. 12).

Mudanças traduzem temores porque impingem ao homem a angústia da passagem do antigo ao novo, na dialética do *status quo* e das inovações. Em outras palavras, tudo é diferente! Observando melhor, no entanto, o novo não é tão novo assim... o que se apresenta talvez tenha algumas diferenças, mas algo anterior lá está contido, como se diz em Matemática; mas esse algo está bem escondido, é quase imperceptível. É como uma memória já inebriada pelo tempo...

Afirma Braudel que a história compõe-se de escalas diferentes: "na superfície (...) inscreve-se no tempo curto; é uma micro-história. À meia-encosta uma história 'conjunturelle' segue um ritmo mais largo e mais lento... Mais além desse 'recitativo' da conjuntura, a história 'structuralle', ou de longa duração, envolve séculos inteiros; ela se encontra no limite do movediço com o imóvel e, pelos seus valores há muito tempo fixos, ela parece invariável frente a outras histórias, mais fluentes e prontas a realizar-se, e que, em suma, gravitam em torno dela" (BRAUDEL, História e sociologia, Boletim do Centro de Estudos de História da Faculdade Nacional de Filosofia, 1961, p. 72).

E se há algo que está contido na estrutura da História, como bem denunciou Karl Marx, é o valor de utilidade atribuído ao homem, na lógica de exploração de sua força de trabalho.

Mais que um detalhe de enredo, a passagem prefigura toda uma crítica simbólica de Fiódor Dostoiévski a variadas formas de opressão, consectárias de certos valores (ou melhor dizendo da ausência de certos valores humanistas) renitentes na estrutura social.

As inovações em matéria de teorias científicas também não escapam à dialética de duração. Modelos até então dominantes passam pela dinâmica de superação por uma insistente tendência de manutenção de certos valores que se posicionam no recôndito de sua estrutura.

Talvez seja essa a razão mais profunda para o tardio ecoar das discussões pós-positivistas na seara justrabalhista, com uma dose de apego ao padrões de legalidade.

O Direito do Trabalho promoveu uma espetacular ruptura com os padrões liberais, buscando retificar (ou pelo menos minimizar) a assimetria da relação social entre capital e trabalho. Como rompante de paradigma, com o Direito do Trabalho tudo mudou, pois o poder e a pulsão de dominação do capital passam à tentativa de domesticação pelo Estado, com garantias mínimas em regime de imposição jurídica. Paradoxalmente, nele também ainda reside a sombra do passado de exploração.

Impõe-se, por essa razão, o princípio de favorecimento da pessoa humana, de sua proteção à vista de sua condição de ser explorado, ainda que titular de direitos. Sob a ótica estrutural, portanto, sempre haverá o estado de vulnerabilidade e a necessidade de uma proteção diferenciada.

E a Consolidação das Leis do Trabalho simbolizava e realizava a proteção do trabalhador. Posicionava-se ao centro de um ramo que, por longo período histórico, representou uma subversão da lógica sistêmica, um aparte do ordenamento antidemocrático e marcadamente patrimonialista.

Nessa perspectiva, a criação, interpretação e aplicação do conjunto de normas de regulação do emprego passavam por uma sistema de auto-referenciamento, à falta de outro modelo democrático e humanizado.

Nota-se, inclusive, que um certo nível de isolamento do Direito do Trabalho construiu-se mesmo diante do fenômeno que Luis Roberto Barroso designou de constitucionalismo abrangente, isto é, ainda que variadas questões sociais e trabalhistas fossem aportadas na Constituição.

Desde a República, em maior ou menor grau, garantias trabalhistas estão referenciadas no constitucionalismo brasileiro. A tradição brasileira, inaugurada com a Constituição de 1891, na consagração das liberdades de trabalho e de associação, e consolidada com a Constituição de 1934 em amplo catálogo de direitos trabalhistas, adotava, no entanto, uma posição pouco larga e abrangente (relativamente ao que hoje concebemos de potencialidades em matéria constitucional). Vigorava, dentro dessa dinâmica e mentalidade, uma perspectiva meramente formal dos direitos constitucionais, isto é, os padrões eram concebidos como direitos assegurados em normas de posição superior, dotada de eficácia diferenciada, com aptidão para balizar a validade de outras normas do sistema. Não instigavam, nesse quadrante, dinâmicas outras para fins de melhoria das condições sociais dos trabalhadores.

Contudo, a redemocratização brasileira exige novas leituras e outras referências para o Direito do Trabalho.

A Constituição de 1988 provocou alterações de latitude e profundidade no ordenamento jurídico brasileiro. Além do reconhecido elasticmento de padrões civilizatórios no campo das relações de trabalho e emprego, alteraram-se os fundamentos dos direitos constitucionais trabalhistas, edificados sob o pilar da excelência humana. Dignidade humana, valorização do trabalho e justiça social passaram, além disso, de mero ideário ou promessa a princípio constitucional, com necessária irradiação dos valores para todo o ordenamento jurídico e em particular para o ramo justrabalhista.

A obra *O Direito do Trabalho Pós-Positivista: por uma teoria geral justrabalhista no contexto do neoconstitucionalismo* insere-se nessa fronteira. Eduardo Marques Vieira de Araújo, com brilhantismo e profundidade raros, traz aos leitores as conexões entre o plexo de valores e normas constitucionais com o Direito do Trabalho, transpondo valiosas e diferenciadas discussões do chamado neoconstitucionalismo para as grandes questões sociais.

Trata-se de obra inspiradora e demonstradora de que o enfrentamento das persistentes iniquidades sociais encontra-se na quebra de tradições superáveis, com a ultrapassagem do regime da estrita legalidade para o regime de integral eticidade, embebido nos mais caros valores constitucionais, para, oxalá, a mais bela travessia — a da concretização da justiça social.

Belo Horizonte, janeiro de 2014.

Daniela Muradas Reis
Professora de Direito do Trabalho da Faculdade de
Direito da Universidade Federal de Minas Gerais.

1

Introdução

O Direito do Trabalho foi concebido como um imperativo de estabilidade social ante as relações capitalistas de trabalho. A partir de meados do século XIX, os trabalhadores compreenderam que a lógica do sistema liberal não poderia satisfazer suas necessidades e tutelar sua dignidade. Mediante a ação sociopolítica, passaram a formular propostas de normatização que abrangessem a coletividade dos trabalhadores. Engendrou-se, dessa maneira, em contraponto à ideia de sujeito individual, predominante na ordem até então vigente, a concepção de sujeito coletivo (DELGADO, 2011, p. 90).

De forma árdua e paulatina, novos direitos foram sendo conquistados, por meio da resistência e da proatividade obreiras. Como consectário desse processo, foi edificado um arcabouço de normas essencialmente protetivas que, ao se sistematizarem, deram origem ao Direito do Trabalho.

Assim, o amadurecimento das organizações coletivas de trabalhadores e a intensificação de suas manifestações promoveram, gradualmente, a consolidação do Direito do Trabalho como um estuário de normas e institutos jurídicos primordial para o equilíbrio das relações de trabalho.

Esse ramo jurídico teve sua consistência ainda mais sedimentada no século XX, quando se processou o fenômeno de sua constitucionalização, capitaneado pelo advento das Constituições do México, de 1917, e da República de Weimar, datada de 1919 (GARCIA, 2009, p. 35).

No Brasil, o fenômeno da constitucionalização do Direito do Trabalho atingiu seu ápice com a Constituição Federal de 1988, na qual são elencados direitos e garantias ao trabalhador, em rol cuja extensão nunca alcançara tamanha elasticidade, quando comparado às ordens constitucionais anteriores. A novel Carta constitucional "apresenta novos paradigmas, no que concerne ao direito fundamental ao trabalho digno, criando possibilidades normativas de efetivação do Estado Democrático de Direito [...]" (DELGADO, 2006, p. 81).

Essa tutela constitucional conferida ao trabalhador tem fulcro na inspiração trazida pelo princípio da dignidade da pessoa humana, cujo pilar se assenta na realização ética, econômica, psíquica, física e social do indivíduo. Em reconhecimento à múltipla dimensão desse princípio, o próprio texto constitucional elegeu o valor social do trabalho como um dos fundamentos da República Federativa do Brasil e de suas ordens econômica e social.

Assim, o assentamento constitucional do valor social do trabalho está intrinsecamente atrelado à inspiração axiológica do primado do trabalho na sociedade contemporânea. Foi o debate acerca do valor *trabalho* que possibilitou o reconhecimento filosófico e jurídico de sua importância na efetiva e plena realização do indivíduo e da sociedade.

A filosofia, desse modo, trouxe para o ordenamento jurídico a fonte para a afirmação do Direito Constitucional do Trabalho. Por sua vez, a ordem constitucional posta fornece os instrumentos para que os direitos trabalhistas, como prerrogativas inderrogáveis e indisponíveis, possam se revestir da efetividade e observância que lhes são necessárias.

Nesse passo, se a ideia de dignidade no trabalho permeou as discussões atinentes aos direitos sociais na Assembleia Constituinte de 1988, a partir de agora a altercação se inverte: busca-se a afirmação da dignidade do obreiro, com base justamente na aplicação das normas constitucionais que contemplam, em sua materialidade, direitos de natureza tipicamente trabalhistas.

Ademais, a inserção de tais direitos no corpo da Constituição Federal atrai a incidência dos princípios próprios ao Direito Constitucional, mormente no que respeita à intangibilidade dos direitos e garantias fundamentais, entre os quais se incluem os direitos do trabalhador. É imperioso ressaltar que a caracterização de um direito como fundamental não implica somente a conclusão simplória de que serve à dignidade da pessoa humana. Todos os princípios e regras dirigidas pontualmente a normas assim definidas também lhe serão afetos.

Corolário natural dessa postura será a difusão das premissas atinentes aos princípios constitucionais na seara das disposições do Direito do Trabalho, oferecendo a esse ramo jurídico substância normativa para intensificar sua efetividade.

A baixa compreensão hermenêutica de tais princípios tem reflexos diretos no contexto fático brasileiro. Os questionamentos sobre a aptidão do modelo justrabalhista pátrio para solucionar as mazelas do mundo do trabalho proliferam, sobretudo com o advento da tormentosa tese de flexibilização do Direito do Trabalho.

Numa realidade em que se observa o recrudescimento do desemprego e do trabalho informal, reverbera o discurso hegemônico ultraliberal, segundo o qual o modelo atual justrabalhista não mais corresponde aos anseios e às necessidades de grande parcela populacional, constituída pelos desocupados e pelos trabalhadores informais. A propósito, interessa transcrever as ponderações de Honneth (2008, p. 46):

> Nos últimos duzentos anos nunca estiveram tão escassos como hoje os esforços para defender um conceito emancipatório, humano de trabalho. O desenvolvimento real na organização do trabalho na indústria e nos serviços

parece ter puxado o tapete a todas as tentativas de melhorar a qualidade no trabalho: uma parte crescente da população luta tão somente para ter acesso a alguma chance de uma ocupação capaz de assegurar a subsistência; outra parte executa atividades em condições precariamente protegidas e altamente desregulamentadas; uma terceira parte experimenta atualmente a rápida desprofissionalização e terceirização de seus postos de trabalho, que anteriormente ainda tinham um status assegurado.

A redução da oferta de empregos formais faz com que o obreiro se submeta às mais degradantes formas de trabalho para obter seu próprio sustento. Como corolário dos novos tempos, "o desemprego já não faz apenas pobres, mas excluídos" (VIANA, 1999, p. 153-186).

Essa questão aflora justamente em virtude da marginalização da legislação trabalhista, fenômeno que consiste na contratação de trabalho sem a observância das normas tutelares. Esse processo paradoxal de deslegitimação do Direito do Trabalho produz efeitos nefastos, promovendo o ocaso da proteção e do próprio trabalho, em sua perspectiva ideal.

O Direito do Trabalho é uma conquista cujo desmantelamento consubstancia um desrespeito frontal à História[1], que testemunhou o sofrido cotidiano vivenciado pelos trabalhadores no contexto de anomia justrabalhista. Ignorar a luta e os esforços despendidos na busca pela tutela do hipossuficiente é legitimar novamente a exploração desumana que outrora se empreendeu e da qual ainda há resquícios.

A solução para que o Direito do Trabalho tenha sua efetividade preservada está na própria ordem jurídica. O Direito se apresenta como solução para sua própria observância. Desse modo, assume a feição de força social propulsora, quando visa proporcionar aos indivíduos e à sociedade o meio favorável ao aperfeiçoamento e ao progresso da humanidade (RÁO, 2004, p. 54-55).

A aplicação jurídica que se impõe deve estar sempre temperada pelos valores éticos instituídos no Direito, conforme os postulados da corrente pós-positivista do Direito. Devem se aproximar, portanto, moral e direito, ética e lei, atribuindo-se normatividade aos princípios e definindo-se suas relações com valores e regras. Tudo isso sem, todavia, invocar categorias metafísicas.

O pós-positivismo caracteriza-se, notadamente, pela superação do modelo estritamente formal de Direito que define o positivismo jurídico. Para tanto, opera como marco filosófico para o neoconstitucionalismo, cujas premissas

---

(1) A história do Direito do Trabalho brasileiro não se distingue, em termos gerais, da história universal. Assim, contrária aos registros históricos é a massificação da ideia de que a legislação brasileira — sobretudo a Consolidação das Leis do Trabalho — originou-se de uma dádiva do Estado e não da luta travada pelos movimentos sociais e da organização sindical. Nesses termos, Silva afirma que a identificação da Consolidação das Leis do Trabalho com a *Carta del Lavoro* "parece ser uma metonímia infeliz", como se tivesse ela sido outorgada por meio de uma opção ditatorial. Cf: SILVA, Sayonara Grillo Coutinho Leonardo da. *Relações coletivas de trabalho*: configurações institucionais no Brasil contemporâneo. São Paulo: LTr, 2008b. p. 129-148.

são a centralidade da Constituição na ordem jurídica e a normatividade dos princípios jurídicos. A adoção dessa corrente de pensamento no estudo do caráter jusfundamental dos direitos sociais do trabalhador será imprescindível para que se busque a efetividade desses direitos, tendo como inspiração o mandamento de valorização social do trabalho.

Evidencia-se, então, como fonte primária para a implementação dos direitos sociais em sua máxima eficácia, a interpretação da Constituição Federal, que assenta, como princípios fundamentais, a valorização do trabalho e a dignidade da pessoa humana. No mesmo sentido, o desvelamento da natureza jurídica dos direitos sociais trabalhistas como direitos fundamentais é necessidade premente para que se construa a base teórica da qual carece a disciplina. Não menos importante é, outrossim, perquirir acerca da interação dos direitos sociais trabalhistas com os princípios constitucionais de regência da categoria jusfundamental.

Todas essas matérias serão cuidadosamente abordadas no decorrer deste estudo, que pretende levar a cabo uma análise do processo de fundamentalização dos direitos sociais e de maximização da sua eficácia, sob a égide das inspirações enunciadas pelos princípios e regras consagrados pela Constituição brasileira, especialmente o dever-ser de concretização do valor jusfilosófico do trabalho.

Nesse contexto, o trabalho realizado buscou lançar as bases para uma leitura constitucionalmente adequada do Direito do Trabalho, a partir dos referenciais teóricos do pós-positivismo e do neoconstitucionalismo.

A hipótese inicialmente aventada para o problema apresentado reside na ideia de que o Direito do Trabalho tutela um valor central da humanidade, sobejamente consagrado na Constituição Federal de 1988: o trabalho. Assim, considerando a normatividade que se deve conferir ao comando de valorização do trabalho, toda questão justrabalhista deve ser analisada através de um filtro constitucional.

O resultado dessa empreitada será a produção de uma teoria geral justrabalhista de caráter pós-positivista, que escancara a relevância das questões enfrentadas pelo Direito do Trabalho na atualidade, afastando concepções reducionistas desse ramo jurídico. Citem-se, dentre elas, a flexibilização, o controle jurisdicional da dispensa imotivada, a greve no serviço público e a terceirização.

Para tanto, foi adotada a técnica de pesquisa teórica, por meio dos procedimentos de coleta e análise de conteúdo de legislação, artigos e textos relativos ao tema. O enfrentamento do problema efetivou-se com enfoque multidisciplinar, perpassando as disciplinas Direito do Trabalho, Direito Constitucional, Direito Internacional, Teoria Geral do Direito e Filosofia do Direito.

A divisão do trabalho foi realizada de modo a propiciar ao leitor a compreensão holística do problema examinado. Tal intento somente pode ser alcançado por meio da reflexão acerca da concepção, da constitucionalização e da interpretação dos direitos sociais trabalhistas, contextualizada nesta quadra histórica do Estado Democrático de Direito.

Desse modo, no segundo capítulo (considerando-se esta introdução como capítulo inicial), aventou-se um contributo para a efetividade dos direitos fundamentais na vigência do Estado Democrático de Direito. Discorreu-se sobre o pós-positivismo e o neoconstitucionalismo, fenômenos jurídicos revolucionários que trazem em seu âmago premissas indispensáveis para a afirmação da efetividade dos direitos sociais trabalhistas. Nessa parte, as questões atinentes à centralidade da Constituição na ordem jurídica e a normatividade dos princípios foram objeto de análise mais detida, por constituírem pressupostos para o desenvolvimento da temática proposta.

Sequencialmente, a terceira parte da dissertação versou sobre a análise dos direitos sociais como direitos fundamentais na Constituição Federal de 1988 e da condição de centralidade de que goza o trabalho na ordem constitucional, a partir do exame dos princípios nela contidos. Tomando-se tais premissas como pressupostos para nortear a interpretação dos direitos sociais trabalhistas, buscou-se defender a sua efetividade, por meio da superação do dogmatismo exacerbado que a obnubila.

O quarto capítulo perscrutou as implicações práticas decorrentes da concepção dos direitos trabalhistas como direitos fundamentais na Constituição de 1988, com vista à edificação de um Direito do Trabalho pós-positivista. Buscou-se demonstrar que o Direito do Trabalho deve ser examinado a partir da Constituição Federal, pois ali se encontram assentados os grandes desafios da sociedade brasileira. Para além da Consolidação das Leis do Trabalho, os estudos justrabalhistas ainda se afiguram incipientes.

Com lastro nos critérios de recorrência e relevância, foram selecionados alguns tópicos trabalhistas para a investigação, cujo enfrentamento se balizou pela incidência dos princípios constitucionais de regência dos direitos fundamentais. Assim, destacando a hermenêutica constitucional, dissertou-se brevemente sobre o direito de greve dos servidores públicos civis, a terceirização de serviços e a proteção contra a dispensa imotivada.

Tencionou-se, por meio deste livro, demonstrar que a compreensão dos direitos trabalhistas como direitos fundamentais deve condicionar a interpretação do Direito do Trabalho. Destarte, consoante determina a Constituição Federal vigente, buscou-se potencializar a efetividade justrabalhista, de modo a permitir a concretização da valorização social do trabalho e da dignidade do trabalhador, fomentando-se a construção de um Direito do Trabalho pós-positivista e constitucionalmente adequado.

Os percalços enfrentados na elaboração do texto foram sendo gradativamente superados mediante intensa pesquisa e debate. Todavia, dada a complexidade do estudo proposto, é certo que diversos assuntos quedaram-se inexplorados. O texto não pretende exaurir os questionamentos que circundam a temática da interpretação constitucional como instrumento de efetividade dos direitos sociais trabalhistas, mas aspira, primordialmente, à instigação de uma reflexão mais acurada sobre a matéria.

2
Pós-Positivismo e Neoconstitucionalismo

2.1. A SUPERAÇÃO DO PARADIGMA POSITIVISTA POR MEIO DA RECONSTRUÇÃO ÉTICA DA ORDEM JURÍDICA: O ESTADO DEMOCRÁTICO DE DIREITO

A edificação de uma teoria justrabalhista na atualidade deve ser levada a efeito dentro do contexto inaugurado pela filosofia pós-positivista. A partir desse impulso cultural, tornou-se possível a concepção e a afirmação do Estado Democrático de Direito, no bojo do qual a pessoa humana é o personagem central a ser tutelado, em seus aspectos individual e coletivo.

O pensamento jurídico do segundo pós-guerra intentou promover a superação do paradigma do positivismo normativista, no qual foi fomentada a ideia de que o Direito pode ser criado e investigado de modo puro, descritivo, imune às influências metajurídicas (REALE, 2002, p. 455).

A filosofia jurídica positivista assenta suas bases no positivismo científico, doutrina segundo a qual todo o conhecimento humano pode ser regido por leis naturais. Para o positivismo filosófico, todo conhecimento é conhecimento científico objetivo, inclusive na seara das ciências sociais (BARROSO, 2008, p. 23-24).

Como consectário desse propósito, a Teoria do Direito centralizou seu objeto de estudo nas normas jurídicas, afastando quaisquer outras manifestações pertencentes ao campo do ser que não pudessem ser demonstradas por meio da observação e da descrição. Isso porque a ciência, para a construção de um conhecimento puramente objetivo da realidade, deve excluir de seu âmbito os juízos de valor, em razão de sua natureza subjetiva (BOBBIO, 1995, p. 135).

Em que pese a inegável contribuição científica trazida pelos positivistas, o descolamento entre os valores e as normas jurídicas trouxe um inegável distanciamento entre as dimensões do *ser* e do *dever ser*. Na doutrina kelseniana, a Teoria Pura do Direito apresenta-se alheia a ideologias, podendo ser penetrada por qualquer espécie de conteúdo, tendo em vista que o ordenamento jurídico deve ser edificado em atenção aos critérios de validade formal das normas jurídicas (REALE, 2002, p. 473-476).

Os aspectos morais e éticos da existência concreta, portanto, não foram abraçados pelo modelo jurídico proposto pelo positivismo normativista, por consubstanciarem elementos que não podem ser descritos dentro de padrões lógico--formais. A validade da norma não se condiciona pela valoração do teor de seu comando, senão pela observância do procedimento a ser seguido para sua criação. Sobre o juspositivismo, cite-se a lição de Faralli (2006, p. 2):

> Esse modelo, com palavras muito esquemáticas e parafraseando Norberto Bobbio, é, como se sabe, de uma teoria formal do direito, isto é, de uma teoria que estuda o direito em sua estrutura normativa, independentemente dos valores a que serve essa estrutura e do conteúdo que ela encerra.

A teoria de Kelsen colimava distinguir as categorias do ser e do *dever ser*, com vista à construção de uma teoria do Direito Positivo. Não buscava qualificar o Direito como justo ou injusto, mas tão somente conceituá-lo e descrevê-lo. Apresentava, por conseguinte, tendência anti-ideológica, na medida em que se tratava de Ciência, e não de Política (BATALHA; RODRIGUES NETTO, 2000, p. 177-178).

Todavia, a difusão do positivismo jurídico kelseniano tornou-se instrumento para que autoritarismos de variadas espécies operassem dentro dos limites normativos, já que à positivação de uma norma correspondia sua imediata dogmatização, com menoscabo de qualquer debate a respeito de seu conteúdo.

Apesar da constitucionalização dos direitos sociais e dos direitos civis e políticos, a teoria geral do direito dominante até o período entre guerras conferia caráter normativo tão somente aos textos codificados, relegando à Constituição um cariz meramente programático.

A baixa compreensão acerca da normatividade constitucional está relacionada à disseminação do positivismo de Kelsen como doutrina jurídica central na primeira metade do século XX, dada a proeminência científica de sua obra *Teoria Pura do Direito*. Por meio dela, o filósofo da Escola de Viena intentou esquadrinhar o fenômeno jurídico sob o aspecto estritamente formal, blindado contra os influxos externos de natureza axiológica, econômica, política e social.

Noutro giro, a construção de uma ciência jurídica pura, autossuficiente, oportunizou aos Estados Totalitários europeus a possibilidade de manipular a ordem jurídica de modo a legitimar ideologias frontalmente opostas à concepção de direitos humanos, ainda incipiente à época. Afastando-se o Direito do compromisso de tutelar valores universais socialmente reconhecidos, viabilizou-se a legalização de condutas arbitrárias atentatórias aos parâmetros éticos e ao acervo jusfundamental adquirido pelo homem ao longo de sua evolução. A concepção "pura" da ciência do Direito permitia a juridicidade de qualquer regime, posto que a validade das normas condicionava-se tão somente a um juízo formal acerca do procedimento e da competência para sua elaboração (CICCO, 2009, p. 300).

Nesse contexto, o nazismo alemão despontou como discurso justificador para a violação de direitos fundamentais. A barbárie nazista cometida em nome da purificação da raça ariana esteve a todo tempo amparada juridicamente pelo Reich, a partir das alterações normativas levadas a cabo pelo *Führer*. O distanciamento completo entre as esferas jurídica e ética, aliado à manipulação popular por meio da propaganda, produziu o ambiente necessário para a consolidação do modelo de Estado autoritário que se corporificava na Alemanha.

Os resultados da guerra são conhecidos. Os traumas dela decorrentes ensejaram uma ampla reflexão a respeito das implicações entre Direito e Ética e, sobretudo, a respeito da necessidade de se estabelecerem novos mecanismos públicos para a proteção da dignidade do ser humano. Restou demonstrado, ainda, que incumbe ao Estado zelar pela tolerância e pela proteção de bens da vida que transcendem a esfera jurídica do homem pensado como indivíduo ou como membro de classe.

Dessa realidade emergem inovações filosóficas, culturais e jurídicas que inspiraram o engendramento de uma nova ordem social. Destacam-se, ainda, a criação e o fortalecimento das organizações internacionais como instituições fomentadoras da regulação internacional de um patamar jurídico universal deferido ao homem em razão de sua condição humana. Cada vez mais vigoroso se apresentava o postulado segundo o qual as fronteiras nacionais não poderiam ser invocadas como óbices intransponíveis à materialização da dignidade da pessoa humana.

A afirmação do pós-positivismo sucedeu-se justamente ao final da Segunda Guerra Mundial, após a derrocada do nazi-fascismo, cujas censuráveis diretrizes amoldaram-se ao positivismo jurídico. Fortes nessa ideologia, os movimentos político-militares nazista e fascista, na lição de Piovesan (2007, p. 28), "ascenderam ao poder dentro do quadro da legalidade e promoveram a barbárie em nome da lei". Desconsideraram, em seu fazer e pensar, a atribuição de juízos éticos a suas ações (PIOVESAN, 2007, p. 28).

Na esteira desse raciocínio, assevera Bonavides (2006, p. 175):

> O formalismo de Kelsen, ao fazer válido todo conteúdo constitucional, desde que devidamente observado o *modus faciendi* legal e respectivo, fez coincidir em termos absolutos os conceitos de legalidade e legitimidade, tornando assim tacitamente legítima toda espécie de ordenamento estatal ou jurídico. Era o colapso do Estado de Direito clássico, dissolvido por essa teorização implacável. Medido por seus cânones lógicos, até o Estado nacional--socialista de Hitler fora Estado de Direito. Nada mais é preciso acrescentar para mostrar a que ponto inadmissível pôde chegar o positivismo jurídico--formal. A juridicidade pura se transformou em ajuridicidade total.

Como reação às nefastas consequências decorrentes dessa quadra histórica, emergiu o pós-positivismo como a "designação provisória e genérica de um ideário difuso, no qual se incluem a definição das relações entre valores, princípios e regras, aspectos da chamada nova hermenêutica e a teoria dos direitos fundamentais" (BARROSO, 2008, p. 28).

Vale dizer, o pós-positivismo conjugou, "em bases axiológicas, a Lei com Direito, ao contrário do que costumavam fazer os clássicos do positivismo, preconceitualmente adversos à juridicidade dos princípios". Ultrapassa-se, desse modo, a empobrecedora perspectiva positivista acerca da teoria da normatividade do Direito (BONAVIDES, 2006, p. 266).

Em contrapartida a essa visão reducionista da normatividade, e com o intuito de escoimar as possibilidades de que a norma pura pudesse dar ensejo e guarida a ações atentatórias aos Direitos Humanos, o pós-positivismo propôs então a reaproximação entre Direito e Ética, dissociados na vergastada teoria pura kelseniana.

Em conformidade com a Teoria Tridimensional do Direito de Miguel Reale, o fenômeno do Direito se constitui e se examina por meio de três aspectos inseparáveis e distintos entre si: o axiológico, o fático e o normativo. Esses elementos, num processo de integração, devem ser correlacionados, consubstanciando o tridimensionalismo específico e dinâmico, que perquire as questões de fundamento, eficácia e vigência do Direito (REALE, 2002, p. 515).

Reale (2002, p. 410-489) expõe que as concepções monistas ou unilaterais da normatividade não exprimem o real conteúdo do fenômeno jurídico. Desse modo, para a realização da Justiça, necessita-se compreender que os fatos e valores também compõem o momento adventício da normatividade. As normas são elos entre o complexo fático--axiológico que determinou sua gênese e o complexo fático--axiológico a que visa atingir no decorrer do processo histórico (REALE, 2002, p. 563-564).

Salienta, mais, que "qualquer norma jurídica, privada de sua condicionalidade fática e do sentido axiológico que lhe é próprio, passaria a ser mera proposição normativa", reduzindo-se ao seu suporte ideal. Uma vez que interessa à Ciência do Direito não apenas a forma, mas também o conteúdo das normas, deve-se interpretá--las consoante os valores necessários à sociedade, por ela eleitos como relevantes num determinado momento histórico (REALE, 2002, p. 612).

O Estado Democrático de Direito, desse modo, não se afigura como uma simples evolução dos modelos de Estado anteriores, mas como um paradigma decorrente da necessidade de se promover a efetividade de valores socialmente relevantes, positivados em sede constitucional. Os direitos fundamentais da pessoa humana, que compõem o núcleo substancial do Estado Constitucional democrático, decorrem da personalização e da positivação desses valores (SARLET, 2007a, p. 72).

A ordem jurídica, por conseguinte, passa por transformação de igual proporção. Sem desprestigiar os louros obtidos pela teorização formal da ciência do Direito, a corrente pós-positivista lhe resgata a dimensão axiológica, também determinante para a aferição da validade de suas normas.

Nesse contexto, desde que efetivados, os direitos fundamentais assumem posição de *ethos* democrático da ordem jurídica, na medida em que propiciam materialização dos valores constitucionalmente consagrados que conferem suporte a todo o sistema jurídico brasileiro (PIOVESAN, 2007, p. 32).

A partir da perspectiva pós-positivista, engendra-se "um novo caminho para uma filosofia do direito normativa, empenhada em questões de grande repercussão política e moral". Ao superar o hermetismo formal do positivismo, a filosofia jurídica se abre para o mundo dos fatos e para o mundo dos valores ético-políticos (FARALLI, 2006, p. 2-7).

2.2. O MOVIMENTO DO NEOCONSTITUCIONALISMO: CENTRALIDADE E NORMATIVIDADE DA CONSTITUIÇÃO

Corolário da difusão da jusfilosofia pós-positivista é a construção de um novo pensamento acerca da Teoria da Constituição. Os debates acerca do papel da norma ápice do ordenamento jurídico adquirem repercussão inédita a partir da consolidação teórica de que o Direito não pode ser resumido ao seu aspecto estritamente formal.

A necessidade de superação da perspectiva do positivismo normativista exigiu que a Teoria da Constituição também fosse reformulada. Afinal, de nada adiantaria erigir à alçada constitucional postulados éticos relacionados à proteção da pessoa humana sem que lhes fosse conferida força normativa.

A efetiva superação do positivismo jurídico pressupõe, assim, não apenas o reconhecimento jusfilosófico da relação de implicação naturalmente existente entre fato, valor e norma, da qual resulta o Direito. Requer, ainda, que à axiologia consubstanciada pela Constituição seja dado caráter imperativo, por encontrar-se pautada em típica norma jurídica, ainda que de natureza principiológica.

Nessa linha, Duarte e Pozzolo (2006, p. 78-79) advogam que o neoconstitucionalismo encontra-se atrelado a uma concepção específica de Constituição como norma jurídica, da qual decorrem suas demais características, como a juridicidade dos princípios e a ponderação de interesses.

O fenômeno do "(neo)constitucionalismo", segundo Streck (2005, p. 159), apresenta como premissas a autoaplicação da Constituição, o reconhecimento do caráter normativo dos princípios e a viragem linguística-ontológica, alvissareira de um novo enfoque sobre a hermenêutica e sobre o processo compreensivo.

Trata-se de transformação de cunho paradigmático no campo jusfilosófico, segundo delineia Streck (2005, p. 179):

> Do papel plenipotenciário assumido pela lei, produto do modelo liberal-burguês, passa-se a uma nova concepção acerca das fontes do direito; do mesmo modo, da velha teoria da norma, salta-se em direção aos princípios e tudo o que eles representa(ra)m para o direito a partir do advento do neoconstitucionalismo. Com isso, as relações privadas, antes protegidas/encasteladas na norma jurídica codificada que as protegiam contra os "indevidos" ataques do direito público, passam a estar submetidas ao público (leia-se, à Constituição), fragilizando-se, em boa hora, essa velha dicotomia.

Nos dizeres de Barroso (2009b, p. 63), esse novo modelo pode ser didaticamente delimitado por três marcos, quais sejam, o histórico, o filosófico e o teórico.

O marco histórico do presente constitucionalismo é o segundo pós-guerra, cujos traumas também produziram consequências para o Direito. No Brasil, especificamente, a Constituição de 1988 emergiu como evento decisivo para promover a travessia de um modelo estatal autoritário para um Estado Democrático de Direito (BARROSO, 2009b, p. 64).

O segundo marco é filosófico, pós-positivista, que consubstancia uma nova perspectiva de esquadrinhamento do ordenamento jurídico e de comportamento perante suas normas. O pós-positivismo, atento a uma leitura normativa moral, porém não metafísica, reaproxima Direito e Filosofia, pelo que não se resume à legalidade estrita, embora outrossim não a despreze. Nesse contexto, a argumentação jurídica se robustece, adquirindo contornos específicos e passando a incorporar a teoria dos valores (axiologia) (BARROSO, 2009b, p. 66).

Por fim, o marco teórico é a força normativa da Constituição, a expansão da jurisdição constitucional (protagonismo dos tribunais na concretização dos direitos fundamentais) e a hermenêutica constitucional, revigorada por uma revolução metodológica e conceitual, que trouxe a lume questões como a colisão de normas constitucionais, a ponderação de interesses e a aplicação do princípio da proporcionalidade (BARROSO, 2009b, p. 66-76).

A peça central do sistema jurídico ocidental, antes dessa nova concepção, era o Código Civil. Hodiernamente, contudo, vivencia-se uma revolução copernicana do Direito, transferindo-se o papel de centralidade da ordem jurídica para a Constituição. O Direito Civil e todos os demais ramos jurídicos passam por uma revolução, na medida em que a dignidade da pessoa humana eleva-se à condição de valor-fonte (epicentro) da ordem jurídica.

Referido processo não se limita à inserção de matérias cujo tratamento se efetivava, culturalmente, por meio da legislação infraconstitucional. Do mesmo modo, não se esgota no fato de que o Estado Democrático de Direito tem como pressuposto a existência de uma Constituição.

A constitucionalização do Direito é fenômeno contínuo, dinâmico, que consiste no processo de disseminação, por todo o sistema jurídico, do conteúdo axiológico das normas constitucionais. O teor da vontade constitucional passa a compor qualquer ato de criação, interpretação, aplicação ou execução normativa. A superação do positivismo pelo neoconstitucionalismo propicia a sedimentação da noção de Constituição embebedora, capaz de condicionar a legislação, a jurisprudência, a doutrina, a ação dos agentes públicos e a dinâmica das relações sociais (STRECK, 2005, p.161).

Implica, ainda, uma viragem hermenêutica, compreendida como modo de ser, emergente da faticidade e existencialidade da interpretação. A Constituição, desvelada pelo círculo hermenêutico gadameriano, não exsurge em sua "abstratalidade". A vida, a temporalidade, a existência, a historicidade consubstanciam elementos da Constituição, que é o "resultado de sua interpretação" (STRECK, 2005, p.162).

Esse fenômeno evolui mediante o amadurecimento das instituições constitucionais e da consciência jurídica dos operadores do Direito e da sociedade. Incumbe-lhes, indistintamente, a tarefa de promover a Constituição, efetivando direitos, materializando programas e agindo em conformidade com os fundamentos e objetivos da República.

O poder atribuído à Constituição de impregnar todas as ações que importem no trato com o sistema jurídico decorre de sua força normativa. A noção de Constituição não pode ser reduzida a uma carta de programas a serem cumpridos pelo Estado, ao seu alvedrio. Tratando-se de diploma que consagra direitos e deveres, em conformidade com os princípios que inspiram a ordem jurídica, deve-se concebê-la como instrumento normativo apto a produzir efeitos.

Hesse (1991, p. 20) afirmou ser requisito essencial da força normativa da Constituição que ela considere não apenas os elementos sociais, políticos e econômicos prevalecentes, mas que incorpore, principalmente, o estado espiritual (*geistige Situation*) de seu tempo. A realização desse pressuposto assegura à Constituição, como ordem adequada e justa, o apoio e a defesa da consciência geral.

A encampação constitucional de valores possibilita a harmonização entre o *ser* e o *dever ser*, superando a segregação positivista dessas categorias. Nos casos de conflito, a Constituição jurídica, em razão de sua força normativa, dirigente, ordena e conforma a realidade política e social, obstaculizando a disseminação de um ideário oposto ao sentido material de suas normas.

Na perspectiva pós-positivista do Direito, o inflexível dualismo entre norma e valor dá lugar à compreensão de que ambos interagem diante de determinado contexto fático, fenômeno do qual decorre a normatividade, o próprio Direito.

Erigem-se os princípios ao campo do *dever ser*, vale dizer, os comandos principiológicos ostentam a condição de *norma jurídica*, assim como as regras. Como norma jurídica, seu conteúdo é imperativo. Seu caráter constitucional lhes confere força normativa, dirigente. Sua realização é condição de possibilidade para o acontecimento constitucional em sua plenitude. Obrigatoriamente, então, devem impregnar, induzir e balizar toda atividade de elaboração, interpretação e aplicação do Direito.

As Constituições, assim, assumem caráter dirigente, compromissório, para produzir a materialização dos seus ideais (ora juridicizados), afastada sua concepção meramente programática. A compreensão do dirigismo constitucional como aspecto do Estado Democrático de Direito é relevante porque, por meio dele, as normas constitucionais vinculam a formulação, a implementação, a execução, o controle e a avaliação das políticas públicas engendradas com vista à progressiva promoção do bem-estar da pessoa humana (DANTAS, 2009, p. 339).

2.3. PRINCÍPIOS JURÍDICOS NA PERSPECTIVA FILOSÓFICA PÓS--POSITIVISTA

Releva notar que a reflexão acerca da natureza dos princípios constitucionais e de suas funções revolucionou-se, assim como a Teoria Geral do Direito e a Teoria da Constituição, em virtude dos influxos pós-positivistas. Conquanto estivessem relegados a cumprir função de mera integração do Direito no paradigma positivista, os princípios foram alçados à condição de norma jurídica com o advento desse novo movimento jusfilosófico.

Na tradicional Teoria Geral do Direito, os princípios gerais de Direito ocupam o papel de fonte normativa subsidiária, a ser invocada somente em face de lacunas legais, como método de integração. Trata-se de decorrência lógica da característica da completude do ordenamento jurídico, posto que a todo caso judicial deve ser apresentada uma solução, sendo vedado o *non liquet*. Dissertando sobre essa proibição, Montoro (2009, p. 430) aduz que, em atenção à aludida completude do ordenamento jurídico, "podem existir lacunas na lei, mas não no sistema jurídico", dotado de outras fontes que fornecem ao aplicador elementos para solucionar todos os casos.

Cumpre frisar que a própria ordem jurídica, em descompasso com as inovações capitaneadas pelo pós-positivismo referentes à Teoria Geral do Direito, permanece conferindo aos princípios posição secundária no que respeita à solução de questões postas à apreciação judicial. O art. 4º da Lei de Introdução às Normas do Direito Brasileiro estipula que "quando a lei for omissa, o juiz decidirá o caso de acordo com a analogia, os costumes e os princípios gerais do direito".

Também Diniz (2010, p. 472-477), em que pese defender o caráter prescritivo dos princípios gerais do Direito, atribui a tais comandos um status inferior ao das regras jurídicas. Apresenta tal categoria como diretrizes para a integração das lacunas estabelecidas pela própria lei, aduzindo tratar-se de "normas de valor genérico que orientam a compreensão do sistema jurídico, em sua aplicação e integração, estejam ou não positivadas".

A doutrina da ilustre civilista outorga, desse modo, aos princípios gerais do Direito, misteres limitados relacionados com a integração jurídica. A propósito, veja-se:

> Só se pode invocar um princípio geral do direito para preencher lacunas, quando não houver lei ou costume aplicável ao ponto controvertido. O aplicador do direito, ante uma questão dúbia, indaga se há disposição legal expressa e precisa; se não a encontrar, recorre aos preceitos sobre casos similares, se estes não existirem, vai até os costumes, e se tais faltarem, busca os princípios gerais. Estes últimos são, indubitavelmente, fontes subsidiárias, utilizadas quando os outros meios falharem, com as quais o magistrado supre deficiências da ordem jurídica, adotando cânones que não foram ditados, explicitamente, pelo elaborador de normas, mas que estão contidos de forma imanente no ordenamento jurídico. Logo, quando se fala em princípios gerais, há uma referência a critérios não legislados nem consuetudinários, que podem integrar lacunas. São, portanto, como nos ensina Charles Huberlant, um meio de constatação e preenchimento de lacunas (DINIZ, 2009, p. 216-217).

Ainda sobre esse cenário, observa Bonavides (2006, p. 263) que, mesmo quando estipulados em sede constitucional, os princípios apresentavam-se carentes de normatividade, por consubstanciarem pautas programáticas supralegais.

O renomado constitucionalista aponta o pós-positivismo como movimento responsável pela hegemonia axiológica dos princípios, agora convertidos em pedestal normativo, numa reação ao juspositivismo capitaneada, sobretudo, por Ronald Dworkin, para quem os princípios também estão aptos a impor obrigações legais, dada a sua normatividade (BONAVIDES, 2006, p. 264-265).

Corroborando tal posição, Pereira (2007, p. 131) salienta que o ganho de normatividade dos princípios foi consagrado, primordialmente, por Ronald Dworkin e Robert Alexy.

O conceito de "princípio" vislumbrado por Dworkin (2007, p. 36) deve ser investigado em cotejo com a acepção de "políticas" por ele apresentada. O referido autor concebe a política como "aquele tipo de padrão que estabelece um objetivo a ser alcançado, em geral uma melhoria em algum aspecto econômico, político ou social a ser alcançado". Em seguida, denomina como princípio "um padrão que deve ser observado, não porque vá promover ou assegurar uma situação econômica, política ou social considerada desejável, mas porque é uma exigência de justiça ou equidade ou alguma outra dimensão da moralidade".

A normatividade dos princípios em Dworkin é solução para o problema da discricionariedade judicial juspositivista. Uma vez que aos juízes não é dado decidir os *hard cases* conforme seu arbítrio, e tendo em vista que não é possível que haja regras suficientes para prescrever todas as obrigações jurídicas necessárias à convivência de uma comunidade, o juiz deve utilizar argumentos de princípio para a solução de lides dessa espécie. Assim, contra o convencionalismo e o pragmatismo, propõe o conceito de integridade (*integrity*) do Direito, conforme sintetizado por Pereira (2007, p. 137):

> O ponto central é a ideia de integridade que se baseia em dois pressupostos vinculados: em primeiro lugar, a pressuposição de que a comunidade política está fundada no assentimento a princípios de convivência em comum e, em segundo lugar, que o Direito se faz a partir da reconstrução interpretativa das fontes normativas à luz de tal amálgama de princípios.

O juspublicista norte-americano elucida seu raciocínio sustentando que tanto os princípios quanto as regras prescrevem obrigações jurídicas em condições específicas, distinguindo-se, porém, quanto à natureza da orientação que oferecem (Dworkin, 2007, p. 39).

Na lição dworkiniana, as regras são aplicáveis à maneira do tudo ou nada (*all-or-nothing*): diante de determinados fatos, ou são válidas ou não são válidas. Os princípios, ao revés, apresentam uma dimensão de peso ou importância, que as regras não possuem. Na hipótese de colisão, o julgador deve levar em conta a força relativa de cada um, sendo que o princípio dotado de maior peso se sobrepõe ao outro, sem que este perca sua validade (DWORKIN, 2007, p. 39-42). A solução de lides desse cariz perpassa a noção de integridade anteriormente mencionada.

Por sua vez, Alexy (2008, p. 87) assenta sua teoria dos direitos fundamentais na concepção de princípios como normas, dado que, assim como as regras, "podem ser formulados por meio das expressões deônticas básicas do dever, da permissão e da proibição". Continuando, o mestre alemão assevera que os "princípios são, tanto quanto as regras, razões para juízos concretos de dever-ser, ainda que de espécie diferente".

O mesmo autor define os princípios como "mandamentos de otimização", que podem ser satisfeitos em diferentes graus, em conformidade com as possibilidades fáticas e jurídicas. Determinam que "algo seja realizado na maior medida possível", dentro dessas condições (ALEXY, 2008, p. 90-104). Assim sendo, eventual colisão principiológica deve ser solucionada por meio de seu sopesamento no caso concreto, no qual se estabelecerá uma relação de precedência condicionada de um sobre o outro.

Na visão alexyana, os princípios apresentam qualidade distinta em relação às regras, normas estas que são sempre satisfeitas ou não satisfeitas, por conterem "determinações no âmbito daquilo que é fática e juridicamente possível". Por exigirem que seja feito exatamente aquilo que elas ordenam, as regras devem ter seus conflitos solucionados por meio da declaração de invalidade de pelo menos uma delas ou mediante a introdução de cláusula de exceção que dissolva a antinomia (ALEXY, 2008, p. 91-104).

Em tempos hodiernos, toda essa alvissareira doutrina encontra-se consolidada academicamente, especialmente no que respeita à afirmação do caráter normativo dos princípios, que passaram a ocupar a posição de "normas-chaves de todo o sistema jurídico", saltando dos Códigos, onde gozavam de função estritamente supletória, para as Constituições, em que se apresentam como fundamento de toda a ordem jurídica (BONAVIDES, 2006, p. 286-289).

A constatação da positividade maior dos princípios nas Constituições do que nos Códigos reflete sua relevância, seu mais alto peso, por constituírem norma de eficácia suprema. Supera-se, portanto, a dicotomia entre norma e princípio, posto que a Teoria Geral do Direito passa a reconhecer este como espécie daquela, ora elevada à categoria de gênero (BONAVIDES, 2006, p. 276).

Finalmente, cumpre pontuar, de acordo com Bonavides (2006, p. 286-288), que essa supremacia dos princípios na pirâmide normativa não é unicamente formal, senão material, na medida em que eles são compreendidos como valores normatizados. De tais normas, a partir dessa concepção transformadora, retirou-se o conteúdo de mera programaticidade, para deferir-lhes a efetividade.

2.4. O NOVO CONSTITUCIONALISMO E A JUDICIALIZAÇÃO DOS GRANDES DESAFIOS SOCIAIS NO ESTADO DEMOCRÁTICO DE DIREITO

No esteio do pós-positivismo, o Estado Democrático de Direito forjou-se como paradigma apto a suprir as necessidades sociais produzidas, "dentre outros fatores, pelo impacto tecnológico, pelo estado crônico de beligerância, bem como pelo processo de descolonização do segundo pós-guerra e suas contundentes consequências [...]" (SARLET, 2007a, p. 58).

Nessa perspectiva, Silva (2002, p. 117-119) define o Estado Democrático de Direito como aquele que intenta "realizar o princípio democrático como garantia geral dos direitos fundamentais da pessoa humana", por meio da participação efetiva do povo na coisa pública. Em seu bojo, os valores inerentes à democracia se irradiam por todos os elementos constitutivos do Estado e pela ordem jurídica.

O mesmo autor elucida tal raciocínio, explanando as características do Estado Democrático de Direito:

> A democracia que o Estado Democrático de Direito realiza há de ser um processo de convivência social numa sociedade livre, justa e solidária (art. 3º, I), em que o poder emana do povo, e deve ser exercido em proveito do povo, diretamente ou por representantes eleitos (art. 1º, parágrafo único); participativa, porque envolve a participação crescente do povo no processo decisório e na formação dos atos de governo, pluralista, porque respeita a pluralidade de ideias, culturas e etnias e pressupõe assim o diálogo entre opiniões e pensamentos divergentes e a possibilidade de convivência de formas de organização e interesses diferentes da sociedade; há de ser um processo de liberação da pessoa humana das formas de opressão que não depende apenas do reconhecimento formal de certos direitos individuais, políticos e sociais, mas especialmente da vigência de condições econômicas suscetíveis de favorecer o seu pleno exercício. (SILVA, 2002, p. 121-122)

Tal qualificação do Estado Democrático de Direito tem, portanto, estreitos laços com a observância dos direitos humanos. Com acerto, assevera Müller (2007, p. 50) que o efetivo exercício desses direitos é condição necessária para a democracia. Em reciprocidade, "o Estado de Direito (direitos fundamentais) exige a democracia, como consequência imposta pelo reconhecimento do princípio da igual dignidade de todas as pessoas que estrutura o edifício do moderno Estado de Direito" (NOVAIS, 2007, p. 80).

Nesse passo, exsurge o caráter contramajoritário dos direitos fundamentais, que não se encontram submetidos à vontade da maioria nas Constituições Democráticas. Vale dizer, mesmo maiorias eventuais não terão o condão de sufragar a abolição de direitos fundamentais, posto que a democracia pressupõe o deferimento a todos os indivíduos de uma dignidade que o próprio poder político reconhece como limite à sua atuação.

A noção da democracia como governo da maioria afigura-se, portanto, insuficiente nesta quadra do Estado de Direito. Ainda que a representatividade política permaneça atrelada à vontade da maioria, as minorias pouco ou não representadas politicamente têm como trunfo os direitos fundamentais. Ao assegurar dignidade para todos, o Estado de Direito tutela, indistintamente, uma esfera de autonomia e liberdade individual que não pode ser tolhida.

Desse modo, mesmo para indivíduos ou grupos situados em circunstâncias de marginalidade, em razão de distinções apresentadas em relação a planos de vida padronizados pela vontade da maioria, defere-se a tutela de seus direitos fundamentais, ainda que com ela se antagonize o pensamento político, econômico, social e cultural hegemônico (NOVAIS, 2007, p.88-89).

Considerando-se a democracia como processo histórico de afirmação do governo do povo, pelo povo e em proveito do povo (SILVA, 2002, p. 126), vocacionada para a afirmação dos direitos humanos, extrai-se a ilação de que a efetividade dos direitos sociais é uma exigência do Estado Democrático de Direito.

Assim, neste momento histórico, já se mostram insuficientes e superados os entendimentos acerca da mera programaticidade dos direitos sociais, bem como o debate acerca de sua proeminência ou secundariedade na concretização da dignidade da pessoa humana.

Edifica-se, por corolário, um ideário segundo o qual os direitos sociais materializam a dignidade humana em aspectos vitais do homem, sem os quais a existência plena torna-se inalcançável. Dada a interdependência e a complementaridade dos direitos humanos, deferir ao homem saúde, moradia, educação e trabalho é imperativo para que direitos próprios de outras gerações possam ser também concretizados.

A qualidade democrática do Estado de Direito vigente exprime, portanto, que os direitos sociais não podem mais ser concebidos como instituições ontológicas, abstratas ou estritamente proféticas de uma realidade mais justa e igualitária. Consagrados como *dever ser*, incorporam-se ao acervo jurídico do homem, de modo irrevogável.

A concreção dessa premissa induz a crença de que a positivação de direitos sociais nas Cartas de Direitos Humanos e nas Constituições já não basta. Ademais, incumbe ao Estado promover sua concretização, com os meios próprios, dada a imperatividade de seu conteúdo e, sobretudo, dada a centralidade da democracia na ordem jurídico-social que se consolidou a partir do segundo pós-guerra.

O Estado Democrático de Direito é o horizonte sobre o qual deve-se empreender qualquer atividade de compreensão dos direitos sociais. O pressuposto democrático exige que a intelecção dessa categoria jurídica se efetive sob a inspiração dos valores da soberania popular, da igualdade e da liberdade (SILVA, 2002, p. 126).

Relembre-se, nesse passo, que despontam os direitos sociais como instrumentos garantistas de cariz contramajoritário, assim como todas as demais espécies de direitos fundamentais. E aqui não se pode compreender a maioria apenas como a maior parte do corpo social, tampouco como maioria política. Hodiernamente, o debate fundante que envolve os direitos fundamentais sociais capitaneia-se por uma *maioria ideológica*, corporificada nos discursos hegemônicos ultraliberais de desconstrução do primado do trabalho e, como consectário, do arcabouço tuitivo justrabalhista.

Tais discursos dominantes, no Brasil, ignoram as "promessas incumpridas da modernidade", as quais não se realizaram por aqui, posto que não testemunhamos o Estado Social. A exclusão social é constantemente robustecida pelos veículos midiáticos, que a legitimam no ideário popular. Por conseguinte, o Direito e a dogmática jurídica que o instrumentaliza permanecem assentados no paradigma liberal, obstaculizando as transformações sociais determinadas pela Constituição Federal (STRECK, 2009a, p. 21-31).

Referida doutrina se arquiteta somente em reverência ao argumento econômico, com menoscabo da autonomia de que gozam os direitos fundamentais em relação às influências externas de caráter não jurídico. Ao arrepio da ideia de democracia como um processo atado à afirmação da dignidade humana por meio da concretização dos direitos fundamentais, a maioria ideológica advoga a submissão dos direitos sociais às forças econômicas, subvertendo, retoricamente, o relato histórico desnudado pela teoria da evolução dos direitos humanos.

Em oposição a essa corrente desconstrutiva da fundamentalidade dos direitos sociais é que se faz mister a edificação de um discurso jurídico robusto com vista à defesa e à promoção de sua efetividade. O Estado Democrático de Direito fornece, para tanto, premissas filosóficas e jurídicas hábeis a subvencionar essa empreitada. Trata-se dos princípios constitucionais regentes dos direitos fundamentais, que, perscrutados sob a ótica do pós-positivismo e do neoconstitucionalismo, vinculam a criação e a interpretação do Direito.

Esses movimentos implicaram o alargamento da participação da justiça constitucional, encarregada de realizar o controle de constitucionalidade das normas. Afinal, a força normativa da Constituição, bem como seu papel dirigente e compromissório, sempre teve relação direta com a atuação da justiça constitucional na tutela dos direitos fundamentais-sociais nela previstos (STRECK, 2009b, p. 23).

Nesse sentido, calha trazer a lume a oportuna lição de Streck (2009b, p. 389):

> O novo constitucionalismo nascido da revolução copernicana do direito público traz para dentro do direito temáticas que antes se colocavam à margem da discussão pública: a política, representada pelos conflitos sociais, os direitos fundamentais sociais historicamente sonegados e as possibilidades transformadoras da sociedade a serem feitas no e a partir do direito. Afinal, direito constitucional é direito político.

A conclusão do eminente professor gaúcho revela que a judicialização da vida afigura-se como consectário do novo modelo constitucional que se instaura no paradigma do Estado Democrático de Direito. Ainda nessa seara conceitual, não é outro o entendimento de Barroso (2009a, p. 75), para quem a judicialização, no contexto brasileiro, "é um fato, uma circunstância que decorre do modelo constitucional que se adotou, e não um exercício deliberado de vontade política".

Barroso (2009b, p. 110-117) esclarece que, no Brasil, três fatores principais culminaram na expressiva judicialização de questões políticas e sociais, quais sejam, a constitucionalização abrangente das necessidades sociais, o aumento da demanda por justiça na sociedade brasileira e a ascensão institucional do Poder Judiciário, cuja proeminência está atavicamente relacionada com a atuação deficitária dos demais Poderes.

É assim que, no dizer de Hesse (1991, p. 28), a política interna se afigura, em grande medida, juridicizada na vida do Estado Moderno. O significado da Constituição jurídica — ou normativa — manifesta-se na competência das Cortes Constitucionais, as quais se encontram autorizadas a decidir sobre os conflitos constitucionais, inclusive sobre questões fundamentais da vida do Estado.

A título ilustrativo, Barroso (2009b, p. 110-111) enumera temas e casos de natureza constitucional que foram objeto de pronunciamento recente pelo Supremo Tribunal Federal e outros tribunais, in verbis:

> I — Políticas públicas: a constitucionalidade de aspectos centrais da Reforma da Previdência (contribuição dos inativos) e da Reforma do Judiciário (criação do Conselho Nacional de Justiça); II — Relações entre Poderes: determinação dos limites legislativos de atuação das Comissões Parlamentares de Inquérito (como quebra de sigilos e decretação de prisão) e do papel do Ministério Público na investigação criminal; III — Direitos fundamentais: legitimidade da interrupção da gestação em certas hipóteses de inviabilidade fetal; IV — Questões do dia a dia das pessoas: legalidade da cobrança de assinaturas telefônicas, a majoração do valor das passagens de transporte coletivo ou a fixação do valor máximo de reajuste de mensalidade dos planos de saúde.

Frise-se, ainda, que, no Brasil, é dado a qualquer órgão do Poder Judiciário conhecer de questões constitucionais, em virtude do modelo misto de controle de constitucionalidade adotado. Embora o Supremo Tribunal Federal seja o titular exclusivo do poder de controle de constitucionalidade concentrado em relação à legislação federal e à Constituição, o controle difuso pode ser exercido por todos os juízes e tribunais em regular exercício da magistratura (MORAIS; SALDANHA; ESPÍNDOLA, 2009, p. 130).

Um Estado Constitucional que se qualifica como democrático, na medida em que consagra fundamentos, objetivos, direitos e garantias em favor da realização da dignidade da pessoa humana, encerra em si, como matiz imanente, a judicialização da vida. Considerando que os princípios constitucionais são normas jurídicas por meio das quais a Constituição trouxe, para seu âmago, a tutela dos valores socialmente relevantes, incumbe aos juízes e tribunais lhes conferir efetividade. A tutela judicial de questões constitucionais não consiste em mera faculdade atribuída ao Poder Judiciário, senão consubstancia um dever, dada a imperatividade das normas jurídicas (BARROSO, 2009b, p. 220).

É sob essa perspectiva que o Estado Democrático de Direito consubstancia um *plus* normativo em relação aos Estados liberal e social. Quando a Constituição reforça a necessidade de se tutelarem os direitos fundamentais já conquistados e acrescenta ao rol preexistente outros de natureza coletiva, transindividual, é porque, no contrato social nela explicitado, há uma confissão de que as promessas da realização da função social do Estado ainda não foram cumpridas (STRECK, 2009a, p. 35-36).

Tais promessas, como a igualdade, a justiça social e a garantia dos direitos humanos fundamentais, têm sua concretização instrumentalizada pela Constituição pós-positivista, que, no paradigma do Estado Democrático de Direito, agrega as condições de possibilidade para a satisfação do todo dirigente-principiológico constitucional (STRECK, 2009a, p. 37).

A tradição na qual esse modelo de Estado foi concebido carrega, de modo ontológico, a preocupação universal de se promover a dignidade da pessoa humana. No segundo pós-guerra, a primazia jurídica desse valor é reconhecida tanto no âmbito do Direito Internacional dos Direitos Humanos quanto no Direito Constitucional ocidental, fato que comprova ser a proteção do ser humano o princípio unificador e centralizador de todo sistema normativo (PIOVESAN, 2007, p. 28-30).

Por essa razão, assevera Streck (2009b, p. 34):

> A efetividade da Constituição é, pois, agenda obrigatória de todos os juristas preocupados com a transformação de uma sociedade como a brasileira, que, em mais de cinco séculos de existência, produziu pouca democracia e muita miséria, fatores geradores de violências institucionais (veja-se a repressão produzida pelos aparelhos do Estado) e sociais (veja-se o grau exacerbado de criminalidade).

Nas normas internacionais atinentes à afirmação dos direitos humanos, encontra-se o cerne jurídico das grandes transformações necessárias à afirmação da dignidade da pessoa humana. É com fulcro nessa inspiração, presente nas cartas internacionais de proteção aos direitos humanos, que as Constituições substancialmente democráticas devem prescrever fundamentos, objetivos, direitos e garantias que vinculem a atuação do Estado, direcionando-a para essa finalidade. Assim, em especial nos países periféricos, o maior desafio para suas respectivas sociedades é a concretização das promessas incumpridas da modernidade, intrinsecamente vinculadas à satisfação de direitos sociais, dentre eles o trabalho regulado.

Não se cogita que determinado povo ou indivíduo permaneça à margem da tutela jurídica necessária para sua realização como pessoa humana. Nesse passo, assegurar e materializar os direitos humanos fundamentais consubstancia, na atualidade, deferir ao indivíduo tutelas de liberdade, igualdade material e solidariedade, de modo imediato e permanente, tendo em vista a interdependência característica dessa categoria jurídica.

Nesse cenário, a interpretação acerca de questões atinentes aos direitos fundamentais deverá sempre ser ultimada com lastro na principiologia assentada constitucionalmente, evitando-se a deturpação da finalidade última do Estado Democrático de Direito, qual seja, a tutela da dignidade humana em todas as suas facetas, de modo indistinto, em favor de todos os homens.

3

A Principiologia Constitucional como Instrumento de Efetivação dos Direitos Fundamentais nas Relações de Trabalho

3.1. A CONSTITUIÇÃO CIDADÃ E O COMPROMISSO COM A EFETIVIDADE DOS DIREITOS FUNDAMENTAIS TRABALHISTAS: A CENTRALIDADE DO VALOR TRABALHO NA REPÚBLICA FEDERATIVA DO BRASIL

A Constituição Federal de 1988 representou um inegável avanço histórico no que respeita à salvaguarda da cidadania da pessoa humana, por meio da estipulação, em favor desta, de um extenso e analítico rol de direitos e garantias fundamentais. Por meio do alargamento significativo de tais institutos, elevados ao status de cláusula pétrea, posicionou-se como uma das Constituições mais avançadas do mundo nessa seara (PIOVESAN, 2007, p. 25-33).

Sarlet (2007a, p. 75-80) constata que, pela primeira vez no constitucionalismo brasileiro, os direitos e garantias fundamentais foram tratados com a merecida relevância. O catálogo jusfundamental consignado no texto constitucional vigente contempla direitos fundamentais de diversas dimensões, em sintonia com as principais declarações e pactos internacionais sobre direitos humanos.

Já no preâmbulo constitucional depreende-se que a Constituição tem como papel central a instituição de um Estado Democrático de Direito edificado para assegurar os direitos fundamentais sociais de liberdade, o bem-estar coletivo, a igualdade, a justiça e a fraternidade. O texto exordial da Carta de 1988 comprova o compromisso constituinte em implementar a dignidade da pessoa humana em seu viés multidimensional, propiciando a afirmação da pessoa humana como sujeito de direitos na sociedade circundante (DELGADO, 2006, p. 79).

Barroso salienta que a Constituição de 1988, inegavelmente, espelha a reconquista dos direitos fundamentais, sobretudo os de cidadania e os individuais, simbolizando a superação do autoritarismo que se impusera ao país durante o regime militar, marcadamente intolerante (BARROSO, 2009c, p. 41).

Seguidamente ao seu preâmbulo, a Constituição enuncia, em seu art. 1º, que o Estado brasileiro tem como fundamentos a soberania, a cidadania, a dignidade da pessoa humana, o valor social do trabalho e da livre iniciativa, bem como o pluralismo político. Em atenção ao objeto deste estudo, importa, sobejamente, pôr em relevo os princípios da cidadania, da dignidade da pessoa humana e do valor social do trabalho.

Com Silva (2002, p. 104-105), pode-se conceituar a cidadania como qualidade dos participantes da vida do Estado, reconhecidos como pessoas integradas na sociedade, cuja dignidade deve ser protegida. Cidadania significa educação e, ainda, a submissão do funcionamento do Estado à vontade popular, detentora de todo o poder a ser exercido por meio dos direitos políticos.

Delgado (2006, p. 52) arremata a questão atinente à acepção moderna da cidadania na quadra do Estado Democrático de Direito, entendida como a capacidade do indivíduo de "adquirir direitos, prerrogativas e proteções da ordem jurídica, aptos a qualificá-lo como igual a seus semelhantes no contexto da sociedade local, regional ou internacional".

O princípio da dignidade da pessoa humana, por sua vez, apresenta-se como valor central na sociedade. O ser humano é, no Estado Democrático de Direito brasileiro, o centro convergente dos direitos fundamentais (DELGADO, 2006, p. 79). A ideia, de matriz kantiana, assenta-se na acepção de que o ser humano é dotado de dignidade, como ser racional que é. Esse valor íntimo consubstanciado na dignidade é o fundamento da lei segundo a qual o homem não pode tratar a si mesmo ou aos outros como meios, senão somente como "fins em si" (KANT, 1986, p. 76-77).

Trata-se, segundo Silva (2002, p. 105), do "valor supremo que atrai o conteúdo de todos os direitos fundamentais do homem", não podendo ser vinculado a uma percepção reducionista, com menoscabo das diversas dimensões jusfundamentais necessárias à realização da pessoa humana em todos os seus aspectos. Nesse sentido, cumpre apresentar a definição proposta por Sarlet (2007b, p. 60), pela sua propriedade:

> Assim sendo, temos por dignidade da pessoa humana a qualidade intrínseca e distintiva reconhecida em cada ser humano que o faz merecedor do mesmo respeito por parte do Estado e da comunidade, implicando, neste sentido, um complexo de direitos e deveres fundamentais que assegurem a pessoa tanto contra todo e qualquer ato de cunho degradante e desumano, como venham a lhe garantir as condições existenciais mínimas para uma vida saudável, além de propiciar e promover sua participação ativa e corresponsável nos destinos da própria existência e da vida em comunhão com os demais seres humanos.

O conceito de dignidade da pessoa colacionado se afigura intrinsecamente conectado com a ideia de cidadania anteriormente esposada. Não parece exagero afirmar, portanto, que não há dignidade sem cidadania, tampouco cidadania sem dignidade, na medida em que ambas somente se fazem concretizadas se estiverem assegurados e implementados os direitos fundamentais do homem.

É com base nessas premissas que Sarlet (2007a, p. 129) conclui que os direitos fundamentais correspondem a explicitações, em maior ou menor grau, do princípio da dignidade da pessoa humana. As violações ocorridas a direitos fundamentais, desse modo, sempre reconduzirão, em última instância, a afrontas à dignidade da pessoa humana.

Também irrompe como fundamento da ordem constitucional instituída o princípio da valorização social do trabalho e da livre iniciativa. Gomes (2009, p. 147) afirma que tal previsão resguarda a própria democracia, impondo a justaposição de forças políticas manifestadas pela intervenção estatal na ordem econômica. Cumpre pontuar, contudo, que a valorização do trabalho não é dever apenas do Estado, senão também da sociedade. O adimplemento da obrigação jurídica imposta por esse princípio depende dos esforços concorrentes do Estado, dos integrantes da relação de emprego e das entidades sindicais.

Na mesma linha, Delgado (2007, p. 29) sustenta que o trabalho, em especial o trabalho regulado, por assegurar um patamar mínimo de direitos ao indivíduo, apresenta-se como importante instrumento de afirmação socioeconômica de grande parte da sociedade, sendo, portanto, decisivo para a afirmação da democracia.

Delgado (2006, p. 209) observa que o trabalho a ser valorizado juridicamente é somente aquele que não violar o homem como fim em si mesmo. Noutras palavras, somente o trabalho prestado em condições dignas merece a legitimação da ordem jurídica, posto que "o valor da dignidade deve ser o sustentáculo de qualquer trabalho humano" (DELGADO, 2006, p. 207). Nesse sentido, calha transcrever o lúcido apontamento da referida autora:

> Se o trabalho é um direito fundamental, deve-se pautar na dignidade da pessoa humana. Por isso, quando a Constituição Federal de 1988 refere-se ao direito ao trabalho, implicitamente já está compreendendo que o trabalho valorizado pelo texto constitucional é o trabalho digno. Primeiro, devido ao nexo lógico existente entre direitos fundamentais (direito fundamental ao trabalho, por exemplo) e o fundamento nuclear do Estado Democrático de Direito que é a dignidade da pessoa humana. Segundo, porque apenas o trabalho exercido em condições dignas é que é instrumento capaz de construir a identidade social do trabalhador (DELGADO, 2006, p. 209).

Com efeito, dada a marca jusfundamental do direito ao trabalho, a teor do artigo 6º da Constituição, sua tutela deverá ser levada a cabo por meio da prescrição de direitos ao trabalhador, mediante os quais possa ele se realizar e construir sua identidade social (DELGADO, 2006, p. 209).

Ato contínuo, o texto constitucional consigna, como objetivos fundamentais da República Federativa do Brasil, ações que dizem respeito à melhora nas condições de vida da sociedade, nos termos do seu art. 3º. Assim, o poder constituinte originário, exaurido em 1988, concebeu metas específicas para o Estado Democrático de Direito pátrio que se ali se instaurou, as quais retratam a feição marcadamente compromissória da Constituição Federal.

Pode-se asseverar, portanto, sem qualquer receio de tergiversar, que o art. 3º da Constituição Federal de 1988 determina que o Estado brasileiro atue com vista a construir uma sociedade livre, justa e solidária, garantir o desenvolvimento nacional, erradicar a pobreza e a marginalização, reduzir as desigualdades sociais e regionais e promover o bem de todos, sem preconceitos de origem, raça, sexo, cor, idade ou outras formas de discriminação.

Segundo Silva (2002, p. 105-106), a previsão de objetivos fundamentais na Constituição é inédita na história do constitucionalismo brasileiro, lembrando que servem eles como base para prestações positivas que viabilizem a concretização da democracia em seus aspectos econômico, social e cultural, a fim de efetivar, na prática, a dignidade da pessoa humana.

É certo que o cumprimento desses propósitos constitucionais exigirá do Estado a adoção de políticas públicas que contemplem a materialização dos direitos fundamentais em favor de todo ser humano, com especial atenção ao princípio constitucional da isonomia. Assim, aos desiguais deve-se deferir tratamento desigual, na proporção da desigualdade, especialmente por meio da concessão de direitos específicos que permitam restabelecer o equilíbrio nas relações sociais.

A assinalação constitucional dos objetivos precípuos da República aponta para a atuação vinculada do Estado na busca pela promoção dos direitos fundamentais. Vale dizer, a normatividade dos princípios esposados no art. 3º da Constituição obrigam o Estado a alcançar, ainda que de modo gradativo, o adimplemento integral do seu conteúdo. Para tanto, devem ser materializados os direitos fundamentais.

O art. 5º, § 1º, da Constituição Federal estabelece que "as normas definidoras dos direitos e garantias fundamentais têm aplicação imediata". O teor desse dispositivo exterioriza, de modo incontroverso, o comprometimento constituinte com a realização dos direitos fundamentais, cujas normas revestem-se de eficácia qualificada em relação a outras normas constitucionais.

Portanto atribui-se aos direitos e às garantias fundamentais aplicabilidade imediata, a despeito da gradação que pode ser conferida às normas que os instituem, em conformidade com a natureza de cada prerrogativa deferida à pessoa humana. Desde logo, compete esclarecer que a Constituição pretendeu deferir aos direitos e garantias fundamentais de liberdade, sociais, de nacionalidade e políticos a incidência do art. 5º, § 1º, afastada qualquer concepção restritiva formatada com base na localização topográfica do dispositivo (SARLET, 2007a, p. 275).

Piovesan (2007, p. 35-36) disserta com percuciência sobre o tema, asseverando que o princípio da aplicabilidade imediata dos direitos e garantias fundamentais realça a força normativa atribuída a essa categoria jurídica, dirigindo e vinculando a atuação dos poderes públicos para efetivá-los.

É a partir do princípio inserto no art. 5º, § 1º da Constituição que adquire robustez outro princípio atinente à categoria jusfundamental, qual seja, a máxima eficácia das normas definidoras de direitos e garantias fundamentais. Ora, se todas as normas constitucionais sempre são dotadas de um mínimo de eficácia, tendo em vista a supremacia da Constituição e a força normativa de todos os seus preceitos, o art. 5º, § 1º somente pode ser compreendido como um mandamento para que os poderes públicos extraiam dessas normas a máxima eficácia possível, como bem salienta Sarlet (2007a, p. 285).

Dessa maneira, a Constituição outorga-lhes efeitos reforçados em relação às outras normas constitucionais, sabidamente também dotadas de juridicidade. Entendimento diverso consistiria na negação da própria fundamentalidade das normas instituidoras de direitos e garantias fundamentais (SARLET, 2007a, p. 286).

A ordem econômica constitucionalmente instituída, outrossim, remete à proteção dos direitos e garantias fundamentais, conforme se denota da leitura do art. 170 da Constituição Federal. Nem mesmo o livre exercício da atividade privada, estandarte máximo do capitalismo, pode ser ultimado em detrimento da efetividade dessas prerrogativas.

O referido dispositivo constitucional estabelece que a ordem econômica, fundada na valorização do trabalho humano e na livre iniciativa, tem por fim assegurar a todos existência digna, conforme os ditames da justiça social, observados os princípios da soberania nacional, da propriedade privada, da função social da propriedade, da livre concorrência, da defesa do consumidor, da defesa do meio ambiente, da redução das desigualdades sociais e regionais, da busca pelo pleno emprego e do tratamento favorecido para as empresas de pequeno porte constituídas sob as leis brasileiras e que tenham sua sede e administração no país.

Silva (2002, p. 765) alerta para a complexidade da missão constitucional imposta pelo comando enunciado, sobremaneira em razão das forças capitalistas. Afinal, um regime lastreado na acumulação de riquezas resultante da apropriação privada dos meios de produção não realiza efetiva justiça social, mormente no capitalismo periférico. Tal conclusão, com efeito, apresenta-se irrepreensível.

Em que pese o abismo existente entre um quadro de implementação da justiça social no Brasil e a realidade experimentada na atualidade, o art. 170 da Constituição de 1988 determina que a ordem econômica seja estruturada com vista ao atendimento dos objetivos nele assinalados, em especial a justiça social. Um regime de justiça social é, segundo Silva (2002, p. 765), aquele em que cada indivíduo "deve poder dispor dos meios materiais para viver confortavelmente segundo as exigências de sua natureza física, espiritual ou política". Esse regime, inegavelmente, não pode se harmonizar com a desigualdade, a pobreza e a miséria.

Ademais, o preceito delineado no art. 170 da Constituição erige a valorização do trabalho como fundamento da ordem econômica. Nesse ponto, parece ter razão Mello (2009, p. 37), ao afirmar que a finalidade dessa norma não se resume à função normogenética e de diretriz para o Executivo e para os empregadores. Além desses papéis, assume a posição de fonte de direito subjetivo para o trabalhador, posto que qualquer ato que traduza desrespeito à valorização do trabalho será eivado de inconstitucionalidade, violando um "direito de todos e de cada um dos indivíduos atingidos".

Assim, nota-se que a Constituição, mesmo na seção em que tratou da ordem econômica brasileira, cristalinamente capitalista, condicionou a legitimidade de suas práticas à preservação da valorização do trabalho, princípio basilar dotado de normatividade. Desse modo, não é inadequado assentar que, nas palavras de Mello (2009, p. 37), "é puramente ideológica — e não científica — a suposição de que este preceito necessitaria de ulteriores especificações para embasar oposição a atos descompassados com tal mandamento".

A observância da função social da propriedade, insculpida no inciso III do art. 170 constitucional, traduz, no mesmo diapasão, uma condicionante para o exercício legítimo da atividade econômica no Brasil. Se é certo que a propriedade privada foi revestida de fundamentalidade na ordem constitucional vigente, a titularidade e o exercício desse direito estão moldurados pela satisfação do interesse social. A propriedade não se apresenta como direito absoluto, na medida em que somente é resguardada pela ordem jurídica se restar atendida sua função social. Consoante o apontamento de Miraglia (2011, p. 52), o objetivo dessa norma é conciliar lucro e pessoas, sem descurar da finalidade última da ordem jurídica, a saber, a satisfação da dignidade da pessoa humana.

O princípio da função social da propriedade determina que o proprietário, obrigado pelo art. 5º, XXIII, da Constituição Federal, deve prepor seu imóvel a uma função socialmente útil, seja ele urbano ou rural (MELLO, 2010, p. 801-802). Tal disposição alcança, inequivocamente, a propriedade dos meios de produção capitalista, aos quais não se podem atribuir finalidades exclusivamente direcionadas à obtenção de lucro.

Essas considerações induzem a necessária ilação de que a liberdade de iniciativa econômica privada manifesta-se amplamente condicionada na ordem constitucional brasileira, especialmente se considerada a relação entre a função social da propriedade e os demais objetivos insertos no art. 170 da Constituição. Nesses termos, o exercício da atividade empresarial somente é legítimo se voltado à consecução do desenvolvimento nacional, da existência digna de todos e da justiça social (SILVA, 2002, p. 790).

Além disso, urge esquadrinhar a norma constitucional que estipula ser princípio da ordem econômica brasileira a busca do pleno emprego (art. 170, VII). Para Silva (2002, p. 773), tal comando encerra "um princípio diretivo da economia que se opõe às políticas recessivas", sobretudo no sentido de propiciar trabalho a todos que estiverem aptos a exercê-lo.

É certo que não trata a Constituição, no sobredito dispositivo, de estabelecer como projeto seu uma eventual absorção desregrada da força de trabalho. A ordem constitucional não impõe somente que a todos os capazes sejam propiciadas as condições necessárias para trabalhar, mas determina, ainda, que o trabalho a ser fomentado sobremaneira é o trabalho regulado, protegido: o emprego em seu conceito estrito, próprio do Direito do Trabalho.

Esse diagnóstico não revela uma opção casuística do constituinte, senão reflete o reconhecimento de que a justiça social somente pode ser alcançada, no âmbito de uma economia de mercado, se o trabalho for valorizado por meio da atribuição, ao prestador de serviços, de um acervo jurídico significativo. Justifica-se, por consentânea com os fundamentos e objetivos da República, a exaltação ao emprego.

Sobre a relevância do emprego na sociedade capitalista, Delgado (2007, p. 30) traz importante contribuição:

> O emprego, regulado e protegido por normas jurídicas, desponta, desse modo, como principal veículo de inserção do trabalhador na arena socioeconômica capitalista, visando propiciar-lhe um patamar consistente de afirmação individual, familiar, social, econômica e, até mesmo, ética. É óbvio que não se trata do único veículo de afirmação econômico-social da pessoa física prestadora de serviço, uma vez que, como visto, o trabalho autônomo especializado e valorizado também tem esse caráter. Mas, sem dúvida, trata-se do principal e mais abrangente veículo de afirmação sócio-econômica da ampla maioria das pessoas humanas na desigual sociedade capitalista.

Na esteira desse raciocínio, compete ao Estado e às empresas, cuja atividade condiciona-se ao cumprimento da função social da propriedade, atuarem com vista a estimular o recrudescimento do número de trabalhadores formalmente empregados.

Frise-se que não se pretende, aqui, negar legalidade ao desenvolvimento de estímulos a outras formas de trabalho, como o autônomo. Entretanto, o Estado e os particulares devem, preferencialmente, incentivar que capital e trabalho sejam entrelaçados por meio do vínculo empregatício, em virtude do qual se defere à pessoa humana um acervo jurídico mínimo assecuratório de sua dignidade.

Harmonizando-se com os demais dispositivos analisados neste subtítulo, o art. 193 da Constituição Federal vaticina que "a ordem social tem como base o primado do trabalho, e como objetivo o bem-estar e a justiça sociais". Destarte, harmoniza-se a ordem social, como não poderia deixar de ser, com a ordem econômica e com os fundamentos e objetivos da República.

Novamente, verifica-se que o trabalho encontra-se posicionado como alicerce do pacto constituinte. O primado do trabalho na ordem social significa sua excelência em relação a outros valores também socialmente relevantes. O discurso de derruição da primazia do trabalho, disseminado pela doutrina ultraliberal, desse modo, não encontra ressonância na órbita constitucional brasileira. O respeito à Constituição obsta que reverbere qualquer intento de desconstrução do trabalho e de sua proteção.

Finalmente, no que respeita aos direitos sociais trabalhistas, a Constituição de 1988 consagrou, em âmbito individual e coletivo, a ideia de valorização do trabalho, consoante pronunciam seus arts. 6º a 11. Na seara coletiva, estimulou a atuação sindical, a negociação coletiva e a normatização autônoma do Direito do Trabalho. No espectro individual, firmou-se como a mais significativa carta de direitos da história jurídico-política do Brasil (DELGADO, 2011, p. 115-118).

Considerando toda essa gama de dispositivos, pode-se inferir a acentuada preocupação da Constituição em promover, como imperativo de justiça social, a dignidade e o bem-estar da pessoa humana, sobretudo por meio da valorização do trabalho. Tais valores, normatizados, conferem unidade de sentido à Constituição, informando toda a ordem jurídica instaurada em 1988. Sua concretude, porém, pressupõe a efetivação dos direitos fundamentais do homem, em sua integralidade, posto que inexiste dignidade onde houver violação a direitos fundamentais.

3.2. A PROEMINÊNCIA CONSTITUCIONAL DO VALOR TRABALHO E A NATUREZA JUSFUNDAMENTAL DOS DIREITOS TRABA-LHISTAS

Denota-se, a partir do exame das normas constitucionais fundantes da ordem jurídica brasileira, que a tutela do valor *trabalho* está intimamente associada à concretização da dignidade da pessoa humana. Conforme visto anteriormente, o texto constitucional, quando prescreve a necessidade de preservação da dignidade da pessoa humana, faz remissão também à exigência de valorização do trabalho.

Tal inferência não é corolário do acaso. O trabalho é componente nuclear da dignidade da pessoa humana. Nas palavras de Delgado (2004, p. 43):

> A ideia de dignidade não se reduz, hoje, a uma dimensão estritamente particular, atada a valores imanentes à personalidade e que não se projetam socialmente. Ao contrário, o que se concebe inerente à dignidade da pessoa humana é também, ao lado dessa dimensão estritamente privada de valores, a afirmação social do ser humano. A dignidade da pessoa fica, pois, lesada caso ela se encontre em uma situação de completa privação de instrumentos de mínima afirmação social. Enquanto ser necessariamente integrante de

uma comunidade, o indivíduo tem assegurado por este princípio não apenas a intangibilidade de valores individuais básicos, como também um mínimo de possibilidade de afirmação no plano social circundante. Na medida desta afirmação social é que desponta o trabalho, notadamente o trabalho regulado, em sua modalidade mais bem elaborada, o emprego.

Nesse contexto, o esquadrinhamento da influência do valor social do trabalho na ordem jurídica não se esgota no exame perfunctório e abstrato que o define como postulado ôntico pertencente ao campo do ser. Na perspectiva pós-positivista do Direito, o inflexível dualismo entre norma e valor dá lugar à compreensão de que ambos interagem em uma intrincada relação de implicação-polaridade diante de determinado contexto fático.

Como norma jurídica, seu conteúdo é imperativo. Seu caráter constitucional lhe confere força normativa, dirigente. Sua realização é condição de possibilidade para o acontecimento constitucional. Obrigatoriamente, então, deve impregnar toda atividade de elaboração, interpretação e aplicação do Direito do Trabalho.

O trabalho é, irremediavelmente, forma de realização ética do indivíduo e da sociedade. Trabalhando, reconhece-se em si e nos outros, desenvolve sua identidade particular e social. É o que afirma Battaglia (1958, p. 297):

> No trabalho, ou melhor, na atividade, o homem sai de si próprio; a satisfação das necessidades o induz a invadir a solidão e a procurar, pois, as coisas, e, mais do que as coisas, os outros. Os outros ele reconhece na mesma dignidade de que se encontra investido, reconhece-os como sujeitos na ordem ética. Se reconhece os outros, exige ser reconhecido conforme a uma exigência de paridade e de reciprocidade. Sente, em conclusão, e reconhece a si e aos outros associados, dá sentido, numa relação que é a forma transcendental, ao mesmo tempo de convivência e de colaboração.

Não há como negar, dessa forma, a centralidade de que goza o trabalho na sociedade contemporânea.

A normatividade do valor *trabalho* consubstancia, assim, o reconhecimento de sua relevância social. Se, para a sociedade moderna, o valor *trabalho é*, a afirmação constitucional de que ele *deve ser* induz a ilação de que afrontá-lo *não deve ser*.

Denota-se, por corolário, a necessidade de se estabelecer novos parâmetros hermenêuticos para o exame do Direito do Trabalho. Ao atribuir força normativa ao valor *trabalho* digno, a Constituição ordena que todas as normas justrabalhistas sejam efetivadas em conformidade aos anseios da coletividade, normatizados como princípios.

Entende-se, então, que a leitura do ordenamento jurídico necessariamente se orienta pelo imperativo de valorização do trabalho e do trabalhador, que lhe atribuirá significação conforme a vontade constitucional. Elevar a dignidade do trabalho é promover a dignidade humana, e não proceder assim é transgredir mandamento constitucional. A hermenêutica jurídica empreendida com menoscabo a esse princípio viola a essência da Constituição como decisão juspolítica fundamental da sociedade.

Além da contribuição que o valor *trabalho* oferece para o reconhecimento espontâneo das normas de direitos sociais, sua força normativa determina, ainda, que essas normas sejam concebidas em atenção à sua satisfação plena.

Nesse sentido, os direitos e garantias sociais consagrados na Constituição somente podem ser compreendidos como normas de direitos fundamentais, conforme já reverbera uníssono da doutrina justrabalhista. Dada a centralidade do trabalho e seu papel referencial na construção da dignidade humana, não subsiste qualquer resistência à assunção da fundamentalidade dos direitos do trabalhador.

Moraes (2010, p. 197), em sintonia com as premissas teóricas anteriormente aduzidas, define os direitos sociais como direitos fundamentais do homem, caracterizando-os "como verdadeiras liberdades positivas, de observância obrigatória em um Estado Social de Direito", cuja finalidade consiste na melhora de condições de vida aos hipossuficientes, com vista à concretização da igualdade social. Não é outro o teor da acepção apresentada por Silva (2002, p. 285-286):

> Assim, podemos dizer que os direitos sociais, como dimensão dos direitos fundamentais do homem, são prestações positivas proporcionadas pelo Estado direta ou indiretamente, enunciadas em normas constitucionais, que possibilitam melhores condições de vida aos mais fracos, direitos que tendem a realizar a igualização de situações sociais desiguais. São, portanto, direitos que se ligam ao direito de igualdade. Valem como pressupostos do gozo dos direitos individuais na medida em que criam condições materiais mais propícias ao auferimento da igualdade real, o que, por sua vez, proporciona condição mais compatível com o exercício efetivo da liberdade.

Interessa ressaltar que o conceito transcrito incorpora um dos principais atributos dos direitos fundamentais, a saber, a interdependência. Já restou assentado, neste estudo, que a concretização da dignidade da pessoa humana somente pode ser de fato alcançada mediante o cumprimento integral dos direitos fundamentais. Assim, o conteúdo do princípio cardeal da ordem jurídica pátria exige a efetividade de direitos fundamentais de todas as dimensões, especialmente tendo em vista a relação de complementaridade que caracteriza essa categoria jurídica.

A interdependência dos direitos fundamentais reflete a noção de que os direitos fundamentais civis, políticos, sociais, econômicos e culturais são indivisíveis, na medida em que não é possível pensar em justiça social sem liberdade ou em liberdade sem justiça social. A realização de um direito fundamental específico não tem o condão de exaurir a tutela da dignidade da pessoa humana, razão pela qual todos devem ser compreendidos, necessariamente, de modo conjugado (ALVARENGA, 2009, p. 57-58).

Assim, inexiste distinção de grau ou de valor entre direitos sociais e direitos individuais, pois ambos constituem elementos do mais alto valor da ordem jurídica. Os direitos sociais, portanto, vinculam-se, por meio de uma "linha de eticidade", à dignidade da pessoa humana (BONAVIDES, 2007, p. 642-643).

Em conclusão, resta sedimentado que a interpretação sistemática da Constituição rejeita a tese de que os direitos sociais estão relegados ao território das alcunhadas normas programáticas. A recusa de concretude aos direitos sociais significaria atribuir à dignidade da pessoa humana o caráter de mera abstração, haja vista que, sem a sua concretização, inalcançáveis se tornam os fundamentos e objetivos do Estado brasileiro (BONAVIDES, 2007, p. 641-642).

É nesse quadro que emergem os direitos trabalhistas constitucionalmente consagrados, espécie do gênero direitos sociais. Por ser interventora, a norma justrabalhista apresenta-se como instrumento importante para a realização de um padrão genérico de justiça social, distribuindo a uma considerável parcela da sociedade os ganhos do sistema econômico (DELGADO, 2007, p. 122).

Na linha de pensamento ora desenvolvida, situa-se a Constituição Federal de 1988, a qual prescreveu, homenageando a centralidade do trabalho e do emprego na sociedade capitalista brasileira, um rol inédito de direitos sociais do trabalhador, de natureza individual e coletiva, constantes de seus arts. 6º a 11.

Além disso, corroborando a virtuosidade do valor *trabalho* na ordem jurídica e social, com supedâneo nos pressupostos da valorização social do trabalho e da busca pela justiça social, desenvolveu-se a teoria da eficácia horizontal dos direitos fundamentais nas relações de emprego. Por meio desse propósito, as relações de emprego encontram-se vinculadas aos direitos fundamentais em sentido amplo, e não somente às normas de natureza justrabalhista.

A temática referente à eficácia dos direitos fundamentais nas relações de emprego será apresentada em tópico apartado, dada sua especificidade e sua complexidade.

3.3. DE COMO O TEXTO CONSTITUCIONAL DEVE SER LEVADO A SÉRIO. CRÍTICA À DISCRICIONARIEDADE JUDICIAL E MANIFESTO CONTRA O DISCURSO DA INEFETIVIDADE DOS DIREITOS FUNDAMENTAIS

A necessidade de obtenção de respostas adequadas à Constituição requer o exame de alguns conceitos de hermenêutica jurídica. Somente por meio de uma interpretação condizente com a normatividade constitucional e com a tradição jurídica consolidada no âmbito do Estado Democrático de Direito é que se tornará possível efetivar os direitos fundamentais e, especialmente, os direitos sociais trabalhistas.

A hermenêutica se apresenta, assim, como condição de possibilidade para o entendimento adequado acerca das questões que envolvem os direitos sociais trabalhistas. A atribuição de sentido aos preceitos que versam sobre essa matéria está condicionada, inafastavelmente, pela tradição consagrada pelos princípios inerentes ao Estado Democrático de Direito.

Tal ensinamento afigura-se extremamente válido quando se perquire a respeito da dicotomia entre texto e norma. Nenhum deles subsiste de forma isolada, pois o texto só tem sentido se compreendido, sendo a norma o resultado desse processo hermenêutico. A norma é o sentido do ser do ente (texto), que somente exsurge na sua normação (STRECK, 2009a, p. 225-226).

Portanto inexiste norma senão norma interpretada, e a Constituição não é senão o produto da hermenêutica jurídica empreendida a partir do texto constitucional. A diferença existente entre texto e norma, desse modo, é ontológica, nunca estrutural (STRECK, 2009a, p. 224-226).

Na esteira dessa premissa, cite-se a oportuna lição de Müller (2009, p. 196):

> O direito não se apoia somente na norma verbal, nem pode ser conquistado a partir dela e com o auxílio do processo puramente lógico, assim como da subsunção obtida pela via da conclusão silogística. O direito não é idêntico ao texto literal da disposição legal.

Logo, as normas jurídicas não podem ser compreendidas como decisões prévias, simples e acabadas, conforme adverte Häberle (1997, p. 30). Constituem o resultado de um complexo processo de concretização, não se confundindo com o referencial linguístico do preceito jurídico (PEREIRA, 2007, p. 167).

É importante esclarecer, com Streck (2010, p. 101-102), que o texto constitucional e a legislação democraticamente construída devem, contudo, ser levados a sério. Toda e qualquer interpretação jurídica vincula-se ao texto jurídico, motivo pelo qual, hermeneuticamente, não se pode "dizer qualquer coisa sobre qualquer coisa". O sujeito que compreende não o faz a partir de um grau zero de significação e tampouco o faz de forma descompromissada com o evento sobre o qual se dará a atribuição de sentido. Não há norma sem texto. Os textos não carregam em si seus próprios sentidos e nem podem ser ignorados, pois dizem respeito à faticidade (STRECK, 2009b, p. 164-165).

No mesmo passo, a contribuição gadameriana é absolutamente decisiva para a inteligência do processo de efetivação dos direitos fundamentais. Suas teorias, aplicadas à ciência jurídica, oportunizaram a superação dos decisionismos próprios do positivismo mediante a introdução do círculo hermenêutico no Direito.

Para Gadamer, a linguagem não consubstancia uma terceira coisa interposta entre o intérprete e o objeto. Trata-se, ao revés, da experiência do mundo, de condição de possibilidade para a compreensão, que se leva a efeito de forma cíclica. Somente na intersubjetividade, portanto, é que se empreende a hermenêutica, pois "o mundo dizível é o mundo linguisticizável" (STRECK, 2009a, p. 222).

Nesses termos, "o ser que pode ser compreendido é linguagem" (GADAMER, 1999, p. 687). Nas palavras de Streck (2009a, p. 222), o mundo aparece como mundo somente na e pela linguagem:

> A linguagem, então, é totalidade; é abertura para o mundo; é, enfim, condição de possibilidade. Melhor dizendo, a linguagem, mais do que condição de possibilidade, é constituinte e constituidora do saber, e, portanto, do nosso modo-de-ser-no-mundo, que implica as condições de possibilidades que temos para compreender e agir. Isto porque é pela linguagem e somente por ela que podemos ter mundo e chegar a esse mundo. Sem linguagem não há mundo, enquanto mundo. Não há coisa alguma onde falta a palavra. Somente quando se encontra a palavra para a coisa é que a coisa é uma coisa (STRECK, 2009, p. 202).

Pela linguagem, o sujeito da compreensão recebe, de modo compulsório, o legado da tradição, sendo esta o objeto da pré-compreensão. É assim que "toda a compreensão hermenêutica pressupõe uma inserção no processo de transmissão da tradição" (STRECK, 2009a, p. 212).

A pré-compreensão, dessa maneira, reflete o horizonte histórico em que se situa o sujeito, condicionando a compreensão. Aliás, toda interpretação se dá nos limites no seio da historicidade do intérprete que compreende, sendo inadequado cogitar que a compreensão possa ser alcançada por meio de uma análise distante do mundo fático. A relação entre intérprete e História tem caráter dialético. Nas palavras de Pereira (2007, p. 33):

> A historicidade compõe a compreensão, pois na mesma medida em que fazemos História, ao mesmo tempo nela participamos e por ela também somos feitos. Trata-se de uma relação de coimplicação intransponível que o Iluminismo, na sua ingenuidade metódica, não pôde perceber: como se fosse possível vendarmos os olhos para aquilo que forma nossa herança cultural, como se nos fosse dado pular a nossa própria sombra.

A pré-compreensão decorre do fato de o ser humano estar sempre inserido em um mundo fático que condiciona suas ações. Antecede o processo interpretativo, revelando as conexões existentes entre o sujeito que compreende e o mundo no qual se encontra inserido. Toda interpretação, assim, aflora num horizonte histórico que não pode ser desprezado.

É por essa razão que, com Gadamer (1999, p. 459-463), não se distinguem os momentos de compreensão, interpretação e aplicação, pois "o conhecimento do sentido de um texto jurídico e sua aplicação a um caso jurídico concreto não são atos separados, mas um processo unitário". Essas atividades se sintetizam na *applicatio*, pois somente é possível compreender aplicando.

A tradição, que continuamos determinando e de cujo acontecer participamos, constitui um ambiente histórico-cultural no qual o sujeito que compreende encontra-se mergulhado. Pré-juízos inautênticos, ou seja, alienados dessa condição histórica, precisam ser suspensos e confrontados, pois toda interpretação tem caráter criativo (STRECK, 2009a, p. 280-282).

Os movimentos pós-positivista e neoconstitucionalista promoveram uma fusão de horizontes que propiciou um dizer crítico acerca do Direito. Como síntese dessa dialética, assentaram-se novos paradigmas para a ciência jurídica, os quais ainda não foram devidamente assimilados pelos juristas brasileiros. Isso ocorre, segundo Streck (2009a, p. 282-283), em virtude de perpetuação do "sentido comum teórico", inautêntico, forjado no positivismo jurídico.

Não parece exagerado afirmar, especialmente no que respeita aos sistemas jurídicos ocidentais, que o Estado Democrático de Direito emerge como componente já enraizado no processo histórico-cultural da humanidade. Constitui, portanto, parte da tradição jurídica, embora, no Brasil, seu acontecer ainda não tenha sido largamente compreendido.

Desse modo, não há hermenêutica senão aquela empreendida sob os auspícios da tradição jurídica consolidada pelo Estado Democrático de Direito. Depreende-se, por conseguinte, que quaisquer atos, métodos ou processos interpretativos maculados pela baixa compreensão acerca da normatividade constitucional e da fundamentalidade dos direitos sociais consistem, irrefragavelmente, em instrumentos solipsistas para a obtenção de respostas corretas.

Em remissão à interdependência dos direitos fundamentais, descrita no capítulo anterior, o Estado Democrático de Direito assegura, em seu âmago, a proteção à dignidade da pessoa humana em todos os seus aspectos. Na mesma esteira, é absolutamente vedado ao próprio Estado retroceder no bojo desse processo e mitigar, relativizar ou suprimir qualquer direito que componha o acervo jurídico adquirido pelo ser humano ao longo da evolução social.

Especialmente em virtude das noções de pré-compreensão e de tradição, a hermenêutica filosófica deve ser invocada para condicionar a elaboração de toda resposta a problemas atinentes aos direitos sociais trabalhistas. Afastar o processo interpretativo das premissas atávicas ao Estado Democrático de Direito é ignorar que a hermenêutica não se leva a efeito a partir de um grau zero de sentido, mas no evolver da existencialidade fática e histórica edificada pelo homem.

Assim sendo, não há resposta constitucionalmente adequada sem que os alvissareiros influxos do Estado Democrático de Direito sejam adotados como horizonte histórico para sua consecução. Por assim dizer, a atividade jurisdicional encontra-se totalmente condicionada, sendo ilegítima toda e qualquer discricionariedade.

Consectário desse postulado é a superação dos métodos como instrumentos de interpretação judicial. Se a interpretação somente se ultima na concretude, não é dado ao sujeito que compreende eleger métodos ou fórmulas para a obtenção de respostas corretas para as questões que são submetidas à sua apreciação. A estipulação de critérios aprioristicos, estanques, para a solução dos problemas jurídicos obstaculiza o condicionamento da resposta pela pré-compreensão. A compreensão é necessariamente um existencial, como assevera Streck (2009a, p. 225), que complementa:

> As verdades jurídicas não dependem, nesse novo paradigma, de métodos, entendidos como momentos supremos da subjetividade do intérprete. Antes de a metodologia tradicional ter a função de dar segurança ao intérprete, é ela o seu verdadeiro calcanhar de Aquiles, porque não há como sustentar metacritérios que possam validar ou servir de fundamento ao método empregado.

A utilização de métodos ou procedimentos na interpretação objetifica a compreensão. Diante da ausência de um metacritério para definição do método a ser empregado na interpretação, sua utilização é sempre arbitrária, embora, de acordo com o sentido comum teórico, possibilite ao jurista "sentir-se desonerado de maiores responsabilidades na atribuição de sentido" (STRECK, 2009b, p. 232-233).

É assim que as ditas espécies de interpretação devem ser revisitadas. Os enunciados métodos gramatical, lógico, sistemático, teleológico e histórico precisam ser investigados com assento em outro panorama, qual seja, a hermenêutica filosófica. Não se afigura possível, dentro da perspectiva democrática constitucionalmente assentada nos Estados de Direito hodiernos, que o magistrado opte, escolha um ou outro método interpretativo para promover o provimento jurisdicional.

Tanto é assim que não se cogita a possibilidade de se alcançar uma solução adequada a um conflito jurídico se não forem considerados o texto legal ou constitucional, a forma com que esse texto interage com os demais preceitos vigentes e a posição topográfica por ele ocupada na legislação. Tampouco se vislumbram processos interpretativos que olvidem o horizonte valorativo e histórico no seio do qual o texto foi gestado.

Decerto, portanto, que os elementos textual, lógico, sistemático, teleológico e histórico estarão sempre presentes no processo hermenêutico. Porém, afigura-se defeso ao magistrado eleger um desses aspectos para subsidiar o ato decisório por ele proferido, sem tomar os outros em conta, sobretudo em face da necessária fundamentação das decisões judiciais, mandamento constitucionalmente sediado.

Do mesmo modo, o Direito não pode se tornar um refém de classificações de preceitos oriundas de um dogmatismo acrítico, como sói ocorrer na cultura jurídica manualesca que ora predomina. A atividade de classificação normativa, comumente difundida pelas teorias jurídicas, por vezes, pode ensejar o aprisionamento do processo hermenêutico em conceitos aprioristicos, restringindo a atribuição de sentido a limites artificiais e puramente metodológicos.

Em que pese os nobres intuitos de caráter científico e didático inerentes aos procedimentos de classificação das normas jurídicas, não se pode perder de vista que toda hermenêutica se efetiva em concreto. A invocação de teses dessa espécie no processo interpretativo apresenta-se válida somente quando são elas interpeladas diante das situações fáticas em exame, já que a norma é sempre produto da interpretação. As condições da existencialidade fática que conformam o pano de fundo para a atividade hermenêutica são dinâmicas, motivo pelo qual ao intérprete não é dado pinçar sentidos atribuídos outrora a um texto sem visitar a concretude da situação posta a seu exame.

Em especial, destaque-se a multicitada tipologia das normas constitucionais apresentada por José Afonso da Silva, lastreada no critério da aplicabilidade[2]. O mestre constitucionalista vincula a noção de aplicabilidade à eventual necessidade de uma atividade legislativa que torne possível a produção de efeitos pela norma, categorizando-as em normas de eficácia limitada, contida ou plena.

Ocorre que essa classificação, em que pese ter contribuído para a evolução da teoria constitucional, tem servido, paradoxalmente, para a difusão de um ideário de esvaziamento da Constituição. Com espeque em Souza Neto (2008, p. 293-294), reconhece-se que a rotulação de normas como "programáticas" ou "de eficácia limitada" passaram a se constituir como álibis para a desoneração do Poder Judiciário de deveres relativos à efetividade dos direitos fundamentais. Tais posturas, nitidamente decisionistas, apegam-se ao método de uma classificação pré-moldada na tentativa de evitar o (que deveria ser) inevitável: a fundamentação não metafísica das decisões.

Nesse sentido, necessário se faz concordar com a observação de Streck (2009a, p. 255-256), segundo a qual não há um dispositivo constitucional que, em si mesmo, seja programático ou de eficácia limitada ou plena. Estabelece-se, assim, numa perspectiva hermenêutica, um contraponto às tradicionais teorias de classificação das normas constitucionais. Afinal, a Constituição é o resultado do processo intersubjetivo de produção de sentido, e não uma decisão antecipada perquirida exclusivamente com fulcro na formalidade de seus preceitos.

Se a tradição jurídica do Estado Democrático de Direito não se mostrou suficiente para produzir a ruptura com os moldes da interpretação metodológica, a qual cataliza a inefetividade da Constituição, pelo menos os dispositivos do texto constitucional deveriam estar sendo levados a sério. Os fundamentos e objetivos da República ali delineados, bem como o disposto em seu art. 5º, § 1º, não são exortações idealistas cuja concretização se submete ao alvedrio da prática jurídica.

Por essa razão, pode-se afirmar, seguramente, que os direitos fundamentais do cidadão, qualquer que seja sua natureza, em regra, possuem aplicabilidade imediata e eficácia plena, pois a proteção da dignidade do ser humano não pode ser postergada.

---

(2) Cf: SILVA, José Afonso da. *Aplicabilidade das normas constitucionais*. 3. ed. rev. e ampl. São Paulo: Malheiros, 1998. p. 88-166.

Particularmente, no que toca aos direitos sociais trabalhistas, a incolumidade dessa premissa apresenta-se ainda mais inquebrantável, dada sua indispensabilidade para a implementação da justiça social.

3.4. EFETIVIDADE DOS DIREITOS FUNDAMENTAIS NAS RELAÇÕES DE TRABALHO

Os direitos fundamentais figuram-se revestidos sobremaneira pelo princípio da máxima efetividade de suas normas instituidoras. Esse mandamento encontra ressonância expressa no art. 5º, § 1º, da Carta Constitucional pátria e opera como arauto interpretativo de todo o ordenamento jurídico brasileiro.

Em verdade, o imperativo da máxima efetividade concebeu-se como aplicável a toda a Constituição, em decorrência de sua supremacia e força normativa. Segundo Canotilho (1999, p. 1208), consiste em "um princípio operativo em relação a todas e quaisquer normas constitucionais, e embora a sua origem esteja ligada à tese da actualidade das normas programáticas (Thoma), é hoje sobretudo invocado no âmbito dos direitos fundamentais".

Nesse contexto, a hermenêutica de questões quaisquer que envolvam a aplicação de direitos fundamentais não pode prescindir do exame do referido princípio. Tergiversações interpretativas estribadas no intento de mitigar ou desprezar sua potencialidade não têm lugar na quadra histórica atual, em que se almeja a realização multidimensional da dignidade da pessoa humana.

O entendimento de qualquer questão atinente a direitos fundamentais deve se efetivar a partir de um pressuposto, qual seja, a norma que assegura a tais preceitos eficácia plena e aplicabilidade imediata. Somente por meio do assentamento dessa premissa poderão ser satisfeitas as aspirações constitucionais. A tutela integral dos direitos fundamentais é condição de possibilidade para a construção do Estado Democrático de Direito substancial.

Não parece exagero, portanto, corroborar a posição de Cunha Júnior (2007, p. 74-75), mediante a qual postula o reconhecimento de um "direito fundamental à efetividade da Constituição", independentemente de interposição legislativa concretizadora. Dada a perfeita harmonização entre o entendimento defendido neste estudo e a doutrina esposada pelo referido autor, cumpre transcrever sua lição:

> Concluindo, por ora, a problemática da eficácia dos direitos fundamentais, sublinhamos que, hodiernamente, no âmbito de uma dogmática constitucional transformadora e emancipatória, a questão não está mais em discutir se há ou não aplicação imediata dos direitos fundamentais, que é pressuposta, mas, sim, em como realizar e tornar efetiva essa aplicação imediata. Assim, o problema real que temos que enfrentar é o das medidas imaginadas e imagináveis para a efetivação e concretização imediata desses direitos (CUNHA JÚNIOR, 2007, p. 84).

No mesmo diapasão, importa nomear outros princípios que também devem fazer parte do processo de inteligência das normas que consagram os direitos fundamentais. São extremamente caros a essa matéria os princípios da universalidade e da vedação ao retrocesso, os quais têm estreita conexão com a injunção da efetividade constitucional anteriormente avaliada.

Segundo Oliveira (2011, p. 408-409), o núcleo normativo do princípio da universalidade "assenta-se na premissa/diretriz de que os direitos, garantias e deveres fundamentais são inicialmente extensíveis, em sua titularidade e exercício, à maior quantidade possível dos sujeitos do sistema jurídico". Cuida-se, desse modo, de um raciocínio de tendência à permanente ampliação do espectro de receptores do acervo jusfundamental.

Por seu turno, o princípio da vedação ao retrocesso diz respeito à impossibilidade de "supressão, restrição ou suspensão de direitos e garantias fundamentais que já foram incorporados ao sistema constitucional"[3], por meio de reformas constitucionais ou legislativas (OLIVEIRA, 2011, p. 428-429).

A consagração desse imperativo tem suporte na ideia de que os direitos e garantias fundamentais encontram-se em constante processo evolutivo direcionado à sua ampliação e à sua adaptação. A incorporação de novos direitos fundamentais em favor da pessoa humana no decorrer do processo histórico produziu uma única realidade fático-jurídica, resultante da harmonização entre tais direitos. Refere-se, aqui, à complementaridade existente entre as dimensões de direitos fundamentais, as quais compõem um núcleo total de "proteção-emancipação-plenipotencialização" da pessoa humana e da sociedade (OLIVEIRA, 2011, p. 422).

Na análise desses princípios, depreende-se que ambos decorrem da imposição de se conferir máxima efetividade aos preceitos que instituem direitos e garantias fundamentais, a reboque do que prescreve o art. 5º, § 1º, da Constituição Federal. Exsurgem, desse modo, com o escopo de patentear a vontade constitucional de concretização dessas prerrogativas.

Com esteio nessas ponderações, passa-se a analisar a questão atinente à eficácia dos direitos fundamentais nas relações entre particulares, que tem sido objeto de intenso debate doutrinário.

Na visão de Sarlet (2007a, p. 166-167), a extensão da aplicação dos direitos e garantias fundamentais para tais espécies de relações está baseada na dupla perspectiva dos diretos fundamentais. O autor explica que essa dupla dimensão consiste na possibilidade de se investigá-los como direitos subjetivos e como elementos objetivos fundamentais da comunidade. Não se trata, contudo, conforme adverte o autor, de facetas reversas de uma mesma medalha.

À perspectiva objetiva outorga-se função autônoma, transcendental à subjetiva, na medida em que aquela reproduz uma ordem de valores objetivos centrais da comunidade. Em virtude dessa qualidade, os direitos fundamentais devem gozar

---

(3) O mesmo autor ressalva que, nas hipóteses de ocorrência de estados de legalidade extraordinária, poderá haver restrição parcial dos direitos e garantias fundamentais. Porém, mesmo nessas situações, um acervo jusfundamental mínimo deve ser sempre resguardado.

de eficácia valorada também sob o ponto de vista social, e não apenas sob o ponto de vista individual. Demais disso, emana dessa perspectiva objetiva a eficácia dirigente dos direitos fundamentais, consubstanciada na ordem direcionada ao Estado para que cumpra, permanentemente, a obrigação de concretizá-los (SARLET, 2007a, p. 172).

Essa ordem valorativa, todavia, é dotada de força normativa, motivo pelo qual outros desdobramentos podem ser extraídos da dimensão objetiva dos direitos fundamentais. Refira-se, inicialmente, à sua eficácia irradiante, em virtude da qual condicionam a aplicação do direito infraconstitucional, apontando ainda para a necessidade de que toda interpretação seja compatível com o conteúdo jusfundamental. Associada a esse efeito, situa-se a problemática da eficácia horizontal das normas dessa categoria, que será objeto de análise mais detida. Por fim, realce-se o dever de proteção estatal aos direitos fundamentais em relação a violações perpetradas pelo poder público ou por particulares (SARLET, 2007a, p. 173-175).

Lado outro, a perspectiva subjetiva encampa a premissa de que "ao titular de um direito fundamental é aberta a possibilidade de impor judicialmente seus interesses juridicamente tutelados perante o destinatário (obrigado)" (SARLET, 2007a, p. 178). Não é outra a lição de Andrade (1987, p.163), para quem o reconhecimento de um direito subjetivo vincula-se "à proteção de uma determinada esfera de autorregulamentação ou de um espaço de decisão individual, tal como é associado a um certo poder de exigir ou pretender comportamentos ou de produzir autonomamente efeitos jurídicos".

Por óbvio, não se cogita ignorar que os direitos fundamentais apresentam, quando topologicamente avaliados, fórmulas jurídicas distintas cuja implementação também se produz de modos distintos. Naturalmente, direitos prestacionais e direitos de defesa não se concretizam mediante ações idênticas, em razão da especificidade substancial atinente a cada uma dessas espécies. Contudo, inobstante tal constatação, mister se faz firmar que ambos são normas jurídicas, comandos de *dever ser*, nunca quimeras[4].

A dupla perspectiva jusfundamental apresentada revela o amadurecimento da teoria constitucional acerca dessa categoria jurídica, que, originariamente, limitava-se a tutelar a liberdade do indivíduo perante o Estado. É no seio dessa multifuncionalidade dos direitos fundamentais que se engendra a teoria de sua eficácia horizontal.

Tal construção científica sobreveio em complemento à concepção inicial de que os direitos fundamentais dotavam-se somente de eficácia perante o Estado, também denominada eficácia vertical. A aludida tese é consectário do projeto revolucionário francês que culminou na formação do Estado de Direito Liberal, cujo constitucionalismo foi marcado pela consagração de direitos civis e políticos

---

(4) Cite-se, aqui, a celeuma relativa à aplicação do conceito da "reserva do possível" no contexto de efetivação de direitos prestacionais. Segundo tal instituto, importado da doutrina alemã, "o reconhecimento de direitos sociais depende da disponibilidade dos respectivos recursos públicos para satisfazerem as prestações materiais que constituem seu objeto", no dizer de Cunha Júnior. Cf: CUNHA JÚNIOR, 2007. p. 104.

do cidadão. Essas prerrogativas, oponíveis contra o Estado, consubstanciaram instrumentos jurídicos de expurgação do exercício arbitrário do poder estatal, fato habitual no cotidiano do Antigo Regime.

No curso da evolução do constitucionalismo, restou arraigada, até meados do século XX, a noção de que somente se poderia emprestar aos direitos fundamentais eficácia vertical. O panorama se manteve inalterado até o advento do caso Lüth[5], na Alemanha, cuja repercussão estimulou os estudiosos a se dedicar ao tema da eficácia horizontal dos direitos fundamentais (ou vinculação dos particulares aos direitos fundamentais).

O caso Lüth, todavia, segundo Silva (2011, p. 80), corresponde ao paradigma da aplicação do modelo de efeitos indiretos dos direitos fundamentais nas relações privadas, já que a decisão nele proferida foi intermediada por uma cláusula geral de direito privado. O constitucionalista esclarece que coube a Hans Carl Nipperdey, em virtude de seus escritos produzidos nos idos de 1950, o papel de expoente pioneiro da aplicabilidade direta dos direitos fundamentais nas relações entre particulares.

Na concepção do sobredito jurista alemão, os direitos fundamentais apresentam efeitos absolutos, sendo despiciendo exigir qualquer mediação legislativa para que possam ser aplicados a relações de índole privada. Concomitantemente, não são necessárias cláusulas gerais para que tais prerrogativas incidam sobre relações que não incluam o Estado como ator. Afinal, o Direito é uma unidade cuja validade se assenta na Constituição e nos limites por ela impostos (SILVA, 2011, p. 87-90).

Essa doutrina, à época vanguardista, encontrou ressonância na doutrina brasileira, em que recebeu majoritária adesão, conforme salienta Cruz (2007, p. 353). Porém, independentemente da repercussão acadêmica, a Constituição Federal de 1988 já determinara, desde sua promulgação, que os direitos e garantias fundamentais têm eficácia plena e aplicabilidade imediata. A tarefa dos intérpretes, no cenário brasileiro, cinge-se a cumprir tal prescrição, vedada a relativização da normatividade constitucional.

Nas palavras de Daniel Sarmento, encontra-se a síntese jusfilosófica para a defesa da eficácia direta dos direitos fundamentais nas relações privadas:

> A própria compreensão de que o princípio da dignidade da pessoa humana representa o centro de gravidade da ordem jurídica, que legitima, condicio-

---

[5] A narrativa do caso foi didaticamente apresentada por Virgílio Afonso da Silva (2011, p. 80): "Em 1950, Erich Lüth, presidente de uma associação de imprensa em Hamburgo, na Alemanha, em uma conferência na presença de diversos produtores e distribuidores de filmes para cinema, defendeu um boicote ao filme Unsterbliche Geliebte (Amantes imortais), do diretor Veit Harlan, que, na época do regime nazista, havia dirigido filmes antissemitas e de cunho propagandístico para o regime em vigor. Diante disso, o produtor do filme ajuizou ação, considerada procedente pelas instâncias inferiores, contra Lüth, com o intuito de exigir indenização e proibi-lo de continuar defendendo tal boicote, com base no § 826 do Código Civil alemão, segundo o qual 'aquele que, de forma contrária aos bons costumes, causa prejuízo a outrem, fica obrigado a indenizá-lo'. Em face do resultado, Lüth recorreu ao Tribunal Constitucional, que anulou as decisões inferiores, sustentando que elas feriam a livre manifestação do pensamento de Lüth".

na e modela o direito positivado, impõe, no nosso entendimento, a adoção da teoria da eficácia direta dos direitos fundamentais nas relações entre particulares. De fato, sendo direitos fundamentais concretizações ou exteriorizações daquele princípio, é preciso expandir para todas as esferas da vida humana a incidência dos mesmos, pois, do contrário, a proteção à dignidade da pessoa humana, principal objetivo de uma ordem constitucional democrática — permaneceria incompleta. Condicionar a garantia da dignidade do ser humano nas suas relações privadas à vontade do legislador, ou limitar o alcance das concretizações daquele princípio à interpretação das cláusulas gerais e conceitos jurídicos indeterminados do Direito Privado significa abrir espaço para que, diante da omissão do poder legislativo, ou da ausência de cláusulas gerais apropriadas, fique irremediavelmente comprometida uma proteção que, de acordo com a axiologia constitucional, deveria ser completa e cabal (SARMENTO, 2008, p. 255).

Como um adendo ao magistral ensinamento trazido à colação, deve-se afirmar, mais, que o próprio texto constitucional não reduz o âmbito de incidência dos direitos e garantias fundamentais às relações entre cidadão e Estado. Tampouco condiciona sua aplicação à esfera privada a intermediações legislativas ou judiciais. Nesses termos, para além do fundamento teórico esposado na lição de Sarmento, acrescente-se o fundamento dogmático, prescrito no comando do art. 5º, § 1º, da Constituição Federal.

Além disso, o caráter nitidamente compromissório da Constituição, já perquirido alhures, enuncia como norma jurídica o projeto de materialização da justiça social. A renitência em admitir a aplicação dos direitos fundamentais de modo horizontal atenta contra a vontade constitucional, portanto. Entendidos como princípios jurídicos, os objetivos e fundamentos da ordem constitucional devem ser compreendidos como comandos vinculantes destinados ao Estado e à sociedade, sobretudo à vista de que as ameaças à dignidade da pessoa humana podem ser provenientes dos poderes públicos ou das pessoas.

Sarmento (2008, p. 270-274) adverte, todavia, que a eficácia horizontal dos direitos fundamentais deve ser sempre cotejada com o exercício da autonomia privada, que também goza de proteção constitucional. Enxerga, ainda, nas situações de desigualdade social, hipóteses em que a vinculação aos direitos fundamentais deve se mostrar "especialmente enérgica", como ocorre no domínio próprio ao Direito do Trabalho.

Na esteira dessas premissas, afirma que a diretriz constitucional de redução das desigualdades sociais, associada ao princípio da igualdade material, importa uma necessária "relativização da autonomia privada no contexto de relações não paritárias, em proveito aos interesses da parte hipossuficiente" (SARMENTO, 2008, p. 274).

Tais conclusões, portanto, não constituem critérios metafísicos ou discricionários a respeito da efetividade da Constituição. Ao revés, apresentam-se como marcos normativos delineados no texto constitucional, que, como visto, deve ser levado a sério. A disciplina referente à concretização das promessas incumpridas da modernidade está totalmente sedimentada na ordem constitucional vigente. Não cabe ao jurista, por corolário, argumentar que "o legislador constituinte disse mais do que gostaria de dizer" ou que "a Constituição é prolixa", para justificar a retirada de sua força normativa.

Todo esse amálgama principiológico se afigura, no mundo do trabalho, sobejamente relevante. O Direito do Trabalho foi germinado, exatamente, em virtude do desequilíbrio socioeconômico constatado nas relações travadas entre capital e trabalho. Trata-se de campo fértil para a aplicação horizontal dos direitos fundamentais, na medida em que as relações de emprego revelam-se como inegáveis relações de poder, ainda que de natureza privada.

Atenta a essa realidade, a Constituição trouxe em seu âmago um verdadeiro arcabouço normativo de tutela do trabalho. Elencou princípios direcionados à valorização do trabalho e, ainda, estipulou catálogo inédito de direitos sociais trabalhistas. O lugar nevrálgico em que se aplicam todos esses comandos é a relação de emprego, cuja natureza é marcadamente privada.

A eficácia horizontal dos direitos trabalhistas, na ordem jurídica brasileira, é contemplada pelo texto constitucional. Nele, de forma explícita, são sedimentadas prerrogativas deferidas aos trabalhadores em razão do contrato de trabalho, cujo adimplemento incumbe ao empregador. Citem-se, entre tantos, os direitos ao salário mínimo (art. 7º, IV), ao décimo terceiro salário (art. 7º, VIII) e ao gozo de férias anuais remuneradas (art. 7º, XVII). Na visão de Sarlet (2007a, p. 275), o mesmo ocorre em relação aos direitos de livre associação sindical e de greve.

Por outro lado, uma extensa gama de questões próprias do mundo do trabalho somente pode ser enfrentada adequadamente com espeque na teoria da horizontalização jusfundamental, particularmente aquelas que envolvem a incidência de direitos fundamentais de natureza não tipicamente trabalhista, como os insertos no art. 5º da Constituição Federal.

Não se pode olvidar, mais, de que a efetividade dos direitos fundamentais no mundo do trabalho é temática que extrapola a relação contratual empregatícia. Alcança, igualmente, a esfera das decisões políticas do Estado, uma vez que a judicialização da vida é consequência natural do modelo constitucional adotado no Brasil.

A problemática da eficácia dos direitos fundamentais na relação de emprego deve ser examinada juntamente com o debate acerca da vinculação do Estado às determinações constitucionais relacionadas à preservação da dignidade da pessoa humana, à realização da justiça social e à valorização social do trabalho. Os problemas que interessam ao Direito do Trabalho ultrapassam os limites da relação contratual empregatícia, como se verá a seguir.

4

Direito do Trabalho Pós-Positivista

4.1. A VIRAVOLTA TRABALHISTA: DE COMO O OBJETO DO DIREITO DO TRABALHO ULTRAPASSA OS LIMITES ESTRITOS DA RELAÇÃO DE EMPREGO

Tradicionalmente, o conceito de Direito do Trabalho apresentado pela doutrina é delineado em torno da relação de emprego. Trata-se de decorrência do processo histórico de afirmação do ramo justrabalhista, forjada por meio de um contratualismo condicionado por normas indisponíveis. Destinado a mitigar os efeitos danosos decorrentes da exploração impingida aos trabalhadores pelos detentores dos meios de produção, o Direito do Trabalho emergiu para estabelecer limites intransponíveis para o conteúdo do contrato de trabalho.

Contudo, bem observa Souto Maior (2008, p. 15) que, com o tempo, essa legislação adquiriu feição de um ramo jurídico específico, com finalidades outras além daquelas iniciais. Por meio dessa disciplina, almeja-se a elevação da condição social e econômica daquele que vende sua força de trabalho para o implemento da produção capitalista.

Em face dessa noção, o Direito do Trabalho adquiriu autonomia científica, por versar, com ineditismo, sobre matéria vasta e particular, qual seja, a relação empregatícia. Com princípios, regras, teorias e metodologia própria, tal ramo especializado destacou-se de suas origens civilistas para se edificar sob a ótica da proteção do trabalhador empregado (DELGADO, 2011, p. 68-70).

A conceituação clássica do Direito do Trabalho, na esteira dessas ponderações, assenta-se na categoria da relação empregatícia. Garcia (2009, p. 41) o define como "o ramo do Direito que regula as relações de emprego e outras situações semelhantes". No mesmo sentido, apresenta-se a lição de Gomes e Gottschalk (2008, p. 10):

> Direito do Trabalho é o conjunto de princípios e regras jurídicas aplicáveis às relações individuais e coletivas que nascem entre os empregadores privados — ou equiparados — e os que trabalham sob sua direção e de ambos com o Estado, por ocasião do trabalho ou eventualmente fora dele.

E ainda nas palavras de Delgado (2011, p. 51):

> O Direito Material do Trabalho, compreendendo o Direito Individual e o Direito Coletivo — e que tende a ser chamado, simplesmente, de Direito do Trabalho, no sentido lato —, pode, finalmente, ser definido como complexo de princípios, regras e institutos jurídicos que regulam a relação empregatícia de trabalho e outras normativamente especificadas, englobando, também, os institutos, regras e princípios jurídicos concernentes às relações coletivas entre trabalhadores e tomadores de serviços, em especial através de suas associações coletivas.

Em que pese ser restritiva a definição por ele proposta, Delgado (2011, p. 71) alerta, sem detença, sobre a necessidade de se instigar o debate acerca dos limites da autonomia do Direito do Trabalho. Isso porque o ramo especializado não pode ser impermeável à interação com outras searas do universo jurídico, ainda que seja imperiosa a preservação de seu tronco fundamental.

As transformações experimentadas pelo Direito no contexto pós-positivista ainda apresentam incipiente repercussão na seara doutrinária justrabalhista. Escassas são as referências à necessidade de alargamento do objeto do Direito do Trabalho.

Consigne-se que o alargamento das fronteiras do Direito do Trabalho não acompanha, subliminarmente, qualquer intento voltado à sua flexibilização ou desregulamentação. Não se cogita mitigar a relevância da tutela do emprego, que opera como instrumento de preservação do ser humano e de integração do trabalhador à sociedade (SOUTO MAIOR, 2008, p. 1). Ao revés, o fato de o Direito do Trabalho passar a preocupar-se com matérias não diretamente ligadas ao contrato de trabalho potencializa sua função civilizatória.

Nascimento (2009, p. 196), com propriedade, dá importante passo nessa direção, ao apontar que como objeto desse ramo do Direito, "as normas jurídicas que disciplinam as relações de trabalho determinam os seus sujeitos e as organizações destinadas à sua proteção, em sua estrutura e atividade". Note-se que, na definição sugerida pelo sobredito autor, preferiu-se o uso da expressão "relações de trabalho" em vez da expressão "relações de emprego".

De fato, há muito, o Direito do Trabalho não cuida apenas do estuário normativo de proteção ao trabalhador empregado, embora seja esse o seu cerne. A diversidade de formas de trabalho vivenciada na contemporaneidade renova, cotidianamente, os modos pelos quais o homem trabalha. Cabe ao ramo especializado justrabalhista investigar todos esses fenômenos, para conceder-lhes o adequado tratamento jurídico.

Não se quer, por meio dessa ampliação do objeto justrabalhista, tratar igualmente todas as situações em que o trabalho humano é realizado. Deseja-se, na verdade, estimular a investigação das formas pelas quais o homem dispõe de sua força de trabalho na sociedade capitalista hodierna. Essa ampliação do horizonte do Direito do Trabalho não oferece qualquer risco aos direitos já consagrados em favor dos trabalhadores empregados.

A constatação de que o Direito do Trabalho não se resume ao complexo normativo atinente à relação de emprego e similares pode ser comprovada já atualmente, inobstante o conservadorismo dos conceitos doutrinários reproduzidos anteriormente. De maneira exemplificativa, o estágio, o trabalho voluntário, o trabalho autônomo, o trabalho do servidor público e o trabalho parassubordinado podem ser mencionados como assuntos recorrentes na doutrina pátria[6], apesar de não consubstanciarem espécies de relação empregatícia.

Além disso, a reforma constitucional levada a efeito mediante a edição da Emenda n. 45/2004 encampou considerável ampliação da competência da Justiça do Trabalho. Ao conferir nova redação ao art. 114[7] da Constituição, o constituinte derivado escancarou a tendência ao crescimento do Direito do Trabalho, em intensidade e expansão (BARROS, 2005, p. 69-70). Essa alteração legislativa harmoniza-se com a tese ora sustentada, na medida em que confere à Justiça especializada trabalhista o papel de conciliar e julgar ações referentes a matérias que exorbitam a esfera da relação empregatícia, sem qualquer menoscabo desta.

Parece acertado, então, esposar a ideia de que ao Direito do Trabalho compete o estudo do trabalho humano em suas mais variadas formas de exteriorização, com vista à afirmação da tutela do empregado. Expandir o objeto do Direito do Trabalho não significa renunciar às conquistas já sedimentadas juridicamente em favor do trabalhador empregado. Somente a partir de uma visão holística referente à dinâmica do mundo do trabalho é que se torna possível a preservação do estuário normativo aplicável à relação de emprego.

No mesmo giro, não é possível afirmar que o Direito do Trabalho restringe--se a um complexo de normas aplicáveis à relação de emprego. Reconhece-se que as ramificações do Direito cumprem importante papel didático. No entanto, essa

---

(6) Citem-se, por todos, DELGADO, Mauricio Godinho. *Curso de Direito do Trabalho*. 10. ed. São Paulo: LTr, 2011; BARROS, Alice Monteiro de. *Curso de direito do trabalho*. 5. ed. rev. e ampl. São Paulo, LTr, 2009; NASCIMENTO, Amauri Mascaro. *Curso de direito do trabalho*. 24. ed. rev. atual. e ampl. São Paulo: Saraiva, 2009.

(7) Assim dispõe o artigo 114 da Constituição, com a redação dada pela EC n. 45/2004: Art. 114. Compete à Justiça do Trabalho processar e julgar: I — as ações oriundas da relação de trabalho, abrangidos os entes de direito público externo e da administração pública direta e indireta da União, dos Estados, do Distrito Federal e dos Municípios; II — as ações que envolvam exercício do direito de greve; III — as ações sobre representação sindical, entre sindicatos, entre sindicatos e trabalhadores, e entre sindicatos e empregadores; IV — os mandados de segurança, habeas corpus e habeas data, quando o ato questionado envolver matéria sujeita à sua jurisdição; V — os conflitos de competência entre órgãos com jurisdição trabalhista, ressalvado o disposto no art. 102, I, o; VI — as ações de indenização por dano moral ou patrimonial, decorrentes da relação de trabalho; VII — as ações relativas às penalidades administrativas impostas aos empregadores pelos órgãos de fiscalização das relações de trabalho; VIII — a execução, de ofício, das contribuições sociais previstas no art. 195, I, a, e II, e seus acréscimos legais, decorrentes das sentenças que proferir; IX — outras controvérsias decorrentes da relação de trabalho, na forma da lei. [...].

fragmentação da ciência jurídica pode acarretar um indesejável hermetismo de cada um de seus ramos, por meio de uma blindagem artificial contra a inevitável interação existente entre eles.

Compreensões reducionistas acerca do objeto justrabalhista permitem que a prática jurídica mantenha-se infensa aos influxos do pós-positivismo, obstando, principalmente, a constitucionalização do Direito do Trabalho. É nessa esteira que se mostra de extrema relevância o alargamento do objeto — e consequentemente do conceito — desse ramo especializado.

A abertura conceitual que ora se sugere deve ser apta a apreender o objeto do Direito do Trabalho em atenção ao novo paradigma hermenêutico que se impõe a partir do pós-positivismo. Afinal, há normas jurídicas na Constituição que têm incidência direta no mundo do trabalho, conquanto não regulem a relação de emprego. Em especial, mencionem-se os dispositivos constitucionais aduzidos no capítulo anterior (arts. 1º, 3º, 170 e 193) e os direitos fundamentais previstos no art. 5º da Constituição.

Tais comandos são essenciais para a compreensão do Direito do Trabalho, tanto quanto os princípios especiais de cunho justrabalhista. Obrigam o Estado a adotar políticas que não transgridam a dignidade da pessoa humana e a valorização social do trabalho. Limitam o poder público, ainda, em relação ao Direito do Trabalho *de lege ferenda*, pois proscrevem a derruição ou a precarização da proteção do trabalhador já incorporada ao acervo jurídico da humanidade. Por fim, determinam uma atuação estatal positiva, conduzida para a busca do pleno emprego e da materialização de uma melhor condição social para o trabalhador.

Em relação aos particulares, como visto, é com lastro nessas normas constitucionais que o Direito do Trabalho pode pleitear a aplicação de direitos fundamentais não tipicamente trabalhistas no âmago das relações de trabalho. Além disso, não se pode desprezar o papel que esses preceitos cumprem como condicionantes imperativas do comportamento social.

O Direito do Trabalho não está imune à revolução empreendida pelo neoconstitucionalismo, a qual alcança, de modo indistinto, todas as ramificações da ciência jurídica. Porção nuclear do objeto justrabalhista encontra-se sediada na Constituição, pelo que não subsiste motivação para que doutrina e jurisprudência permaneçam refratárias a essa viravolta.

O trabalho ocupa posição central na ordem constitucional, em suas facetas econômica e social. Associa-se, como visto, aos propósitos da afirmação da dignidade da pessoa humana e da materialização da justiça social. Os rumos de sua investigação não podem, portanto, convergir exclusivamente para a temática da relação de emprego, ainda que se mostre cada dia mais importante pelejar pela manutenção da tutela do empregado.

As grandes questões sociais brasileiras tangenciam, de alguma maneira, a ciência justrabalhista. A política de criação de empregos, o fomento da iniciativa empresarial, a previdência social, as políticas públicas de combate à discriminação, a redução das desigualdades sociais, a proteção integral da criança e do adolescente, a formação educacional para as exigências do mercado de trabalho, entre outros assuntos, apresentam atávica conexão com a função civilizatória desse ramo especializado.

Por tudo isso, identifica-se o Direito do Trabalho como a ciência que investiga, *de lege lata* e *de lege ferenda*, a disciplina jurídica do trabalho humano, em especial a relação de emprego, com vista à materialização da dignidade do trabalhador e à realização da justiça social.

No seio da acepção delineada, podem ser assinalados diversos tópicos de elevado interesse para o Direito do Trabalho, como o controle de políticas públicas relativas à promoção do emprego, a flexibilização justrabalhista, a harmonização entre o Direito Internacional do Trabalho e a ordem jurídica interna, a eficácia plena do direito de greve dos servidores públicos, o papel do mandado de injunção e da ação direta de inconstitucionalidade por omissão na esfera justrabalhista, a efetividade dos direitos fundamentais nas relações de Direito Coletivo do Trabalho e a celeuma acerca da expansão da tutela justrabalhista a outras espécies de relação de trabalho.

Todas essas são questões de repercussão geral, transcendentes à esfera da relação empregatícia. Seu enfrentamento não pode ser adequadamente conduzido sob o apertado pálio do "conjunto de normas aplicáveis à relação de emprego". Não por coincidência, refletem os grandes dilemas sociais, jurídicos e econômicos experimentados no mundo do trabalho.

Antes apêndice histórico do Direito Civil, o Direito do Trabalho adquiriu sua autonomia científica em razão da especificidade de seu objeto originário, a relação de emprego. Agora, por erigir-se à posição nuclear no ordenamento jurídico e por assumir nítida vocação democrática, alarga seus horizontes e suas responsabilidades. A menor importância que outrora era atribuída ao Direito do Trabalho foi aniquilada pela centralidade do valor *trabalho* na ordem constitucional vigente.

Desvela-se, assim, a viravolta trabalhista, a partir do reconhecimento de que o referido ramo especializado tem umbilical ligação com a realização das promessas incumpridas da modernidade. De algum modo, os grandes desafios da humanidade perpassam a esfera justrabalhista. O Direito do Trabalho pós-positivista, portanto, preocupa-se com temas de interesse geral, de sede constitucional, sem descurar da proteção individual devida aos obreiros em suas relações de trabalho particulares.

4.2. O CONTRATO CONSTITUCIONAL DE TRABALHO: A PARAMETRICIDADE CONSTITUCIONAL COMO PRESSUPOSTO DE VALIDADE PARA O EXERCÍCIO DO PODER EMPREGATÍCIO

Neste ponto, serão retomados alguns apontamentos aventados no capítulo 3, no qual restou assentada a impossibilidade de se interpretar qualquer questão jurídica à revelia da normatividade constitucional. O contrato de trabalho não está afastado dessa noção. A filtragem constitucional alcança todas as disposições atinentes à formação e ao conteúdo da relação empregatícia, como não poderia deixar de ser.

O projeto de consecução de um contrato constitucional do trabalho exige a verificação prévia acerca do tratamento jurídico que classicamente é deferido ao ajuste empregatício. Delgado (2011, p. 295) assevera, com percuciência, que a relação de emprego existirá quando conjugados seus elementos fáticos-jurídicos, a saber, "prestação de trabalho por pessoa física a outrem, com pessoalidade, não eventualidade, onerosidade e sob subordinação". O mesmo autor acentua que, conforme entendimento hegemônico entre os estudiosos do Direito do Trabalho, a subordinação tem caráter jurídico, uma vez que deriva do contrato de trabalho estabelecido (DELGADO, 2011, p. 292).

Nessa linha teórica, reproduz-se a lição de Barros (2009, p. 236-237) acerca do conceito de contrato de trabalho:

> Contrato de trabalho é o acordo expresso (escrito ou verbal) ou tácito firmado entre uma pessoa física (empregado) e outra pessoa física, jurídica ou entidade (empregador), por meio do qual o primeiro se compromete a executar, pessoalmente, em favor do segundo um serviço de natureza não eventual, mediante salário e subordinação jurídica. Sua nota típica é a subordinação jurídica. É ela que ira distinguir o contrato de trabalho dos contratos que lhe são afins e, evidentemente, o trabalho subordinado do trabalho autônomo.

Constatada a existência da relação de emprego, caberá ao operador do Direito aferir se a ordem jurídica atribui validade a esse ajuste, mediante a análise dos elementos jurídico-formais do contrato empregatício. São eles: capacidade das partes contraentes, licitude do objeto pactuado, forma de contratação prescrita ou não defesa por lei e higidez na manifestação da vontade das partes (DELGADO, 2011, p. 295-296).

A par dessas regras basilares do saber comum, o modo de execução do contrato de trabalho apresenta-se, por vezes, encoberto pela validade jurídico--formal desse contrato. A reunião dos elementos desse cariz legitima a celebração do negócio jurídico, mas não assegura que o labor contratado seja sempre prestado em conformidade com o Direito. Nesse ínterim, proliferam as transgressões das disposições justrabalhistas infraconstitucionais e a afronta aos comandos constitucionais aplicáveis à relação de emprego.

Situar a temática do contrato de trabalho no contexto neoconstitucionalista é uma exigência democrática, pelo que não há como se furtar a fazê-lo nesta quadra da cultura jurídica. Para tanto, o jurista deve cotejar as práticas executadas em razão do contrato de trabalho com as normas constitucionais que lhe são aplicáveis. A Constituição deve estar refletida no contrato de trabalho. Estará eivada de nulidade qualquer conduta adotada no curso do contrato que venha de encontro às determinações constitucionais.

Segundo Streck (2009b, p. 542), as teorias do direito e da Constituição que se debruçam sobre os sentidos da democracia e as possibilidades de concretização dos direitos fundamentais-sociais não podem prescindir da garantia de que "cada cidadão tenha sua causa julgada a partir da Constituição". Todas as questões jurídicas estão sujeitas, portanto, a um exame a respeito da parametricidade constitucional.

A constitucionalização do Direito do Trabalho não é um artificialismo, senão corolário natural de um modelo constituinte política e juridicamente comprometido com a valorização social do trabalho. Por essa razão, adquiriu status constitucional todo o núcleo rígido dos direitos atribuídos ao trabalhador empregado, inobstante a maior parte deles restar prevista também na Consolidação das Leis do Trabalho ou em leis especiais.

Lides das mais corriqueiras da prática trabalhista, como as que versam sobre o pagamento de horas extras, décimo terceiro salário, férias e saldo de salários, têm fundo constitucional e, mais, jusfundamental. A opção do Poder Constituinte em deferir esse tratamento ao Direito do Trabalho deve ser respeitada e levada a cabo.

O mesmo ocorre quando se estuda a questão da eficácia horizontal dos direitos fundamentais na relação de emprego. Os mandamentos de efetividade jusfundamental e de valorização do trabalho não permitem que haja qualquer dúvida sobre sua aplicação na esfera do contrato de trabalho. Afinal, de acordo com a oportuna observação de Abrantes (2005, p. 186), "o trabalhador, ao entrar na empresa, não perde a sua condição de pessoa e de cidadão".

A dignidade da pessoa humana, assegurada pelos direitos fundamentais, é o núcleo normativo e axiológico da ordem jurídica. Como tal, irradia-se para todos os ramos de direito, e particularmente para o Direito do Trabalho. Em virtude disso, os direitos fundamentais do trabalhador — como expressão da sua dignidade — não podem ser desconsiderados em nome da liberdade de empresa (ABRANTES, 2005, p. 189).

Romita (2009, p. 275) lembra que a Consolidação das Leis do Trabalho, datada de 1943, não contempla preceito específico para disciplinar o exercício do poder empregatício de modo a prestigiar os direitos da personalidade do obreiro. De todo modo, a efetividade dos direitos fundamentais nas relações de emprego decorre de imperativo constitucional, dotado de inarredável normatividade. A ausência de textos infraconstitucionais sobre o tema não configura empecilho para a consecução desse objetivo.

O que se coloca em causa, portanto, é a discussão acerca dos limites para o exercício do poder empregatício, entendido como "o conjunto de prerrogativas asseguradas pela ordem jurídica e tendencialmente concentradas na figura do empregador, para exercício na relação de emprego". Esse fenômeno compõe-se por meio do aglutinamento dos poderes diretivo, regulamentar, fiscalizatório e disciplinar[8] (DELGADO, 2011, p. 616).

Concebido como efeito do contrato de trabalho, o poder empregatício do empregador exerce-se mediante a subordinação jurídica do empregado, que se obriga, por força do ajuste, ao cumprimento das ordens empresariais lícitas (DELGADO, 2011, p. 593).

Essas prerrogativas não podem, por óbvio, ser compreendidas como absolutas. Dentro da empresa, o trabalhador não se despe de sua condição humana e tampouco renuncia à sua cidadania. Por isso, o poder empregatício e a correlativa subordinação jurídica do trabalhador encontram-se limitados pelas intransponíveis barreiras dos direitos fundamentais (ABRANTES, 2005, p. 172).

Não se nega, de modo algum, que o poder empregatício tenha a potencialidade de engendrar limitações às liberdades do trabalhador, com as quais se encontra em permanente tensão. O contrato, como manifestação da autonomia da vontade, é fonte legítima de restrições a direitos fundamentais, desde que tais restrições sejam indispensáveis para o cumprimento do contrato e para a manutenção da atividade empresarial (ABRANTES, 2005, p. 183-184).

O problema está na aferição dos "limites das limitações", pois a autonomia privada não legitima toda e qualquer restrição a direitos fundamentais. Nesse sentido, convém transcrever a lição de Abrantes (2005, p.172-173):

> Nesta complexa matéria das relações entre a liberdade de empresa e os direitos fundamentais dos trabalhadores, deve procurar-se uma interpretação e aplicação do direito que, a partir da ideia de unidade da Constituição, alcance a concordância prática ("praktische Konkordanz") de todos os interesses envolvidos, única fórmula capaz de conjugar a mais ampla liberdade possível do trabalhador com a (também) mais ampla autonomia negocial.

Com efeito, a noção dos princípios da unidade da Constituição e da concordância prática interessa sobremaneira para a inteligência do problema da aplicação dos direitos fundamentais nas relações de emprego. Apresentam conteúdos conexos, na medida em que propiciam a interpretação jurídica em atenção a todos os interesses constitucionalmente tutelados.

Canotilho (1999, p. 1207) aduz que o princípio da unidade da Constituição significa que deve ela ser interpretada de modo a evitar contradições entre suas

---

(8) Tal entendimento não é unânime na doutrina. Há vertente teórica segundo a qual o poder empregatício preexiste ao contrato, consistindo em corolário do desnível sociopolítico da relação entre capital e trabalho. O contrato de trabalho seria, assim, uma tentativa de domesticação desse poder. Nesse sentido, conferir: MELHADO, Reginaldo. *Poder e sujeição*: os fundamentos da relação de poder entre capital e trabalho e o conceito de subordinação. São Paulo: LTr, 2003.

normas. Obriga o intérprete a considerá-la "na sua globalidade e a harmonizar os espaços de tensão existentes entre as normas constitucionais a concretizar" (CANOTILHO, 1999, p. 1207).

Ainda segundo o constitucionalista português, o princípio da concordância prática impõe a coordenação e a combinação dos bens jurídicos em oposição, de modo a evitar o sacrifício de uns em benefício dos outros. Registra, ainda, que o campo de atuação desse princípio é a seara dos direitos fundamentais (CANOTILHO, 1999, p. 1209).

Assim, na concorrência entre a liberdade de iniciativa e os direitos fundamentais na relação de emprego, deverá ser observada a premissa de que, em regra, "o trabalhador é livre para tudo aquilo que não diga respeito à execução de seu contrato", como acentua Abrantes (2005, p. 190). O autor afirma a existência de uma *presunção de liberdade* do empregado, alinhada com a "função última do Direito do Trabalho, que é subordinar os poderes empresariais à cidadania" (ABRANTES, 2005, p. 193).

Os reflexos dessas ideias no plano concreto são inúmeros. Na órbita das relações de emprego, a celeuma acerca dos limites do poder empregatício alcança todas as dimensões dele emanadas. Tratar-se-á de alguns desses embates nesta oportunidade, com o fito de demonstrar como deve ser realizada a aplicação jusfundamental.

Como premissa para o enfrentamento da matéria, deve-se consignar que o exercício do poder empregatício em descompasso com as determinações jusfundamentais gera, em última análise, o desvirtuamento da subordinação contratual. O desrespeito a direitos fundamentais do trabalhador retira a juridicidade da subordinação, transformando-a em sujeição pessoal, na medida em que atenta contra prerrogativas mínimas necessárias à afirmação de sua dignidade.

Assim, não se pode olvidar que a subordinação derivada do contrato empregatício traduz "uma situação jurídica mediante a qual o empregado se obriga a acolher a direção do empregador sobre o modo de realização da prestação de serviços", de acordo com a lição de Delgado (2011, p. 86). Não cria um estado de sujeição pessoal do prestador se serviços, pelo que sempre se pressupõe sua liberdade (DELGADO, 2011, p. 86).

O exercício do poder diretivo consiste na faculdade de o empregador exarar ordens de caráter organizacional, com o intuito de controlar o modo pelo qual o empregado realiza o labor contratado. Segundo Delgado (2011, p. 618), trata-se do conjunto de prerrogativas "dirigidas à organização da estrutura e espaço empresariais internos, inclusive o processo de trabalho adotado no estabelecimento e na empresa, com a especificação e orientação cotidianas no que tange à prestação de serviços".

Nesse campo, a situação mais clamorosa talvez seja a do assédio moral, nos casos em que se configura por meio da delegação ao empregado de serviços totalmente estranhos ao objeto do contrato ou pela retirada total de seu trabalho[9].

---

(9) Nesse sentido é o aresto da Primeira Turma do Tribunal Superior do Trabalho: RECURSO DE REVISTA — ASSÉDIO MORAL — EXPOSIÇÃO DO TRABALHADOR A SITUAÇÃO HUMILHANTE E CONSTRAN-

Definido por Hirigoyen (2006, p. 298) como "conduta abusiva (gesto, palavra, comportamento, atitude...) que atente, por sua repetição ou sistematização, contra a dignidade ou integridade psíquica ou física de uma pessoa, ameaçando seu emprego ou degradando o clima de trabalho", o assédio moral reflete o uso arbitrário do poder diretivo pelo tomador do serviço, na medida em que ofende a integridade moral do trabalhador.

Alkimin (2009, p. 82), acertadamente, advoga que a ausência de preceito legislativo específico para disciplinar as hipóteses de assédio moral não é óbice para que o Direito ofereça ao tema o tratamento devido. Condutas desse feitio não retratam apenas uma violação de um "dever ser de implicação moral", mas também a transgressão das obrigações contratuais e do dever geral de respeito à dignidade do trabalhador e aos seus direitos de personalidade, como intimidade, liberdade, não discriminação, honra e integridade psíquica.

Nessa linha, destacam-se igualmente pela antijuridicidade as posturas do empregador que submetem o empregado a tratamento vexatório em virtude do não cumprimento de resultados estabelecidos. As medidas de instrução para a otimização da produção empresarial não comportam decisões que exponham o obreiro a situações de humilhação e degradação perante seus pares, dada a imperativa proteção constitucional dedicada à honra e à integridade moral do ser humano.

GEDORA — SUPRESSÃO DO TRABALHO E DAS ACOMODAÇÕES DO TRABALHADOR — PROIBIÇÃO DE COMUNICAÇÃO IMPOSTA AOS COLEGAS — ATRASO DE SALÁRIOS — VALOR DA INDENIZAÇÃO POR DANOS MORAIS — COMPENSAÇÃO COM CARÁTER PUNITIVO E EDUCATIVO. Considerando que não existe parâmetro objetivo previsto na legislação para a fixação do valor da indenização por dano moral, devem ser considerados os princípios da razoabilidade, da equidade e da proporcionalidade, levando--se em consideração alguns critérios, como a gravidade do ato faltoso, a intensidade da sua repercussão na vida social e pessoal do ofendido, as consequências dos danos sofridos pela vítima, a gravidade da culpa, a capacidade econômica do ofensor e a do ofendido; e, ainda que o valor arbitrado não corresponda à reparação exata pelos danos, ela deve representar uma compensação que atenue a ofensa, não podendo levar o ofensor à ruína, tampouco autorizar o enriquecimento sem causa da vítima. No caso dos autos, o assédio moral ficou patente, não havendo dúvida quanto ao fato de o reclamante ter sido atingido em sua dignidade, com ofensa à sua moral e à sua integridade psíquica por meio de conduta praticada por seu superior, que expôs o autor a situações humilhantes e constrangedoras, deixando-o sem atividade laboral no extenso período de setembro de 2006 a janeiro de 2007, sem local para acomodar-se nas dependências da reclamada, tendo proibido seus colegas de lhe dirigirem a palavra e atrasado o pagamento de seu salário. Não se mostra razoável a fórmula da fixação do quantum condenatório adotada pelo Tribunal Regional, que levou em consideração apenas o tempo de serviço prestado, uma vez que o valor da indenização decorrente de assédio moral deve sempre revelar o caráter punitivo e educativo, devendo ser uma quantia tal que desestimule o assediador de futuras práticas semelhantes às já praticadas. Assim, levando-se em conta todos os parâmetros citados, diante da gravidade da situação vivida pelo reclamante, do comprovado assédio moral praticado por representante da reclamada, da capacidade econômica da reclamada e do caráter educativo e punitivo da condenação por assédio moral, tenho que a diminuição do valor indenizatório, levada a efeito pelo Tribunal Regional, não atende os critérios da razoabilidade, da equidade e da proporcionalidade. O direito a indenização pelo dano moral decorrente da violação à intimidade, à vida privada, à honra e à imagem das pessoas é assegurado pelo disposto no art. 5º, X, da Constituição Federal, e a fixação de valor da indenização que não atenda aos princípios mencionados ofende o referido dispositivo constitucional, que assegura indenização pelo dano moral sofrido. Demonstrada a violação do disposto no art. 5º, X, da Constituição da República. Processo n. TST-RR-8690-20.2010.5.01.0000. Rel. Ministro Vieira de Mello Filho. Publicado em 3.6.2011. Disponível em: <http://www.tst.jus.br>. Acesso em: 23 jun. 2012.

Ainda no âmbito do poder diretivo, atos discriminatórios perpetrados pelo empregador recebem do Direito a necessária repulsa, capitaneada pelos direitos fundamentais à isonomia. É assim que o empregador não pode estender seu poder de direção de modo a atingir as preferências particulares dos empregados em relação ao modo de ser e de se apresentar perante a sociedade, salvo na excepcionalidade em que tais preferências constituírem aspectos centrais da prestação de serviço pactuada.

Em caso emblemático, a Sexta Turma do Tribunal Superior do Trabalho entendeu ser ilícita a seleção e preferência na contratação de empregados jovens por loja de departamento, como também a predisposição de dispensar, paulatinamente, as vendedoras que não mais atendiam a um suposto perfil de jovialidade imposto. Na situação enfrentada, na oportunidade das avaliações periódicas dos empregados, evidenciou-se a conduta discriminatória da empresa. Ademais, o referido processo de avaliação sustentava-se em critérios fúteis de aparência física, ao invés de ater-se a critérios objetivos de produtividade e qualidade dos serviços prestados. Toda essa exposição atentou contra a dignidade da trabalhadora, tachada pela empresa com o atributo de inutilidade, apenas em razão do seu envelhecimento natural e pela não correspondência ao padrão de beleza física e estética estabelecidos dentro da empresa. Em suma, a narrativa revela manifesta agressão aos direitos constitucionais à isonomia (art. 5º, *caput*), à honra e à imagem da empregada (art. 5º, X)[10].

Se o trabalhador é livre para tudo o que não diz respeito à execução de seu contrato, inexiste motivação para que o empregador exija que ele altere a aparência, a forma física ou o jeito de vestir-se. Ainda que possam gerar ganhos para a empresa, essas ações penetram na esfera da individualidade do trabalhador, fulminando sua autoestima e a possibilidade de exteriorização livre de sua personalidade, motivo pelo qual se afiguram ilegítimas.

A subordinação jurídica do trabalhador não incorpora a dimensão da sujeição pessoal, própria dos tempos da escravatura. O poder diretivo não deve pretender o controle da pessoa do trabalhador, senão a organização da atividade por ele desenvolvida em virtude do ajuste. Souto Maior (2008, p. 52) sumariza a problemática, asseverando corretamente que a subordinação jurídica "não se caracteriza por uma relação de poder entre pessoas, mas sobre a atividade exercida".

Não são menos comuns as situações em que o poder empregatício é exercido de forma irregular em razão do abuso da prerrogativa de fiscalização ou controle

---

(10) AGRAVO DE INSTRUMENTO. DANO MORAL. DISCRIMINAÇÃO PELA IDADE E PADRÃO DE BELEZA. VIOLAÇÃO AOS ARTS. 5º, V E X, DA CONSTITUIÇÃO FEDERAL, 159 DO CC, 818 DA CLT E 333, I, DO CPC. NÃO CONFIGURAÇÃO. NÃO PROVIMENTO. 1. O Tribunal Regional, ao manter a procedência do pedido de indenização por dano moral, entendeu que a reclamante, a quem competia o ônus de provar os fatos alegados na petição inicial, desincumbiu-se de seu encargo probatório, uma vez que logrou demonstrar que sua dispensa se dera por ato discriminatório da reclamada. Incólumes, pois, os arts. 818 da CLT e 333, I, do CPC. 2. Ademais, evidenciados os requisitos necessários à caracterização da responsabilidade civil da reclamada, não há como se concluir pela propalada ofensa aos arts. 5º, V e X, da Constituição Federal e 159 do CC, os quais permanecem ilesos. 3. Agravo de instrumento a que se nega provimento. Processo n. TST-AIRR-17129/2000-009-09-40.8. Rel. Ministro Caputo Bastos. Publicado em 12.09.2008. Disponível em: <http://www.tst.jus.br>. Acesso em: 23 jun. 2012.

das atividades desempenhadas pelo empregado. As possibilidades de controle da atividade laborativa devem se harmonizar com os mandamentos constitucionais de máxima efetividade dos direitos fundamentais e de preservação da dignidade da pessoa humana.

Leciona Delgado (2011, p. 620) que o poder fiscalizatório diz respeito às "prerrogativas dirigidas a propiciar o acompanhamento contínuo da prestação de trabalho e a própria vigilância efetivada ao longo do espaço empresarial interno". Barros (2009, p. 587) e Nascimento (2009, p. 663) nomeiam o poder de fiscalização como "poder de controle", incidente sobre o modo de prestação do trabalho do empregado.

As revistas pessoais e o controle das comunicações do empregado no local de trabalho são as matérias de tradicional repercussão doutrinária e jurisprudencial. Os limites à consecução dessas medidas no âmbito empresarial também se encontram calcados nos direitos da personalidade.

Barros (2009, p. 589) conclui que a revista pessoal somente se justifica quando não houver qualquer outro meio para a proteção do patrimônio empresarial e da segurança geral, à falta de outras medidas preventivas. Aduz que a tutela genérica do direito de propriedade não pode ser admitida para autorizar mitigações dos direitos à intimidade e à privacidade dos empregados. A autora ainda recorda que existem diversos outros mecanismos aptos a assegurar os interesses da empresa, como a aposição de fitas magnéticas em seus produtos e demais objetos, o uso de detectores de metais ou a instalação de circuitos internos de televisão (BARROS, 2009, p. 589-597).

Com efeito, a revista pessoal não configura instrumento legítimo para o controle da atividade empresarial, na medida em que atenta contra núcleo jusfundamental do empregado. O entendimento que se defende nesta dissertação é ainda mais restritivo que aquele apresentado pela estudiosa anteriormente lembrada. Advoga-se, aqui, a ilicitude de toda e qualquer forma de revista, sob pena de potencialização do poder empregatício, de modo a tornar pessoal a subordinação decorrente do contrato, que é jurídica[11].

A realização de revistas pessoais não é uma prerrogativa natural do poder empregatício, como o controle de jornada ou a definição da maneira pela qual o empregado deve realizar o serviço. Mesmo quando o procedimento recai sobre os

---

(11) Essa posição encontra-se afinada com o Enunciado n. 15 da 1ª Jornada de Direito Material e Processual na Justiça do Trabalho, realizada no TST, de 21 a 23.11.2007: REVISTA DE EMPREGADO. I — REVISTA — ILICITUDE. Toda e qualquer revista, íntima ou não, promovida pelo empregador ou seus prepostos em seus empregados e/ou em seus pertences, é ilegal, por ofensa aos direitos fundamentais da dignidade e intimidade do trabalhador. II — REVISTA ÍNTIMA — VEDAÇÃO A AMBOS OS SEXOS. A norma do art. 373-A, inc. VI, da CLT, que veda revistas íntimas nas empregadas, também se aplica aos homens em face da igualdade entre os sexos inscrita no art. 5º, inc. I, da Constituição da República. Cf: MELO FILHO, Hugo Cavalcanti, et al. (Coord.). O mundo do trabalho: leituras críticas da jurisprudência do TST: em defesa do direito do trabalho. São Paulo, LTr, 2009, v.1, p. 493-503.

pertences do empregado, a conduta se afigura invasiva, posto que são eles uma extensão da intimidade do dono. Pelo exposto, quer sejam de feição corporal quer recaiam sobre objetos do empregado, as revistas pessoais atentam contra a sua intimidade e a sua privacidade, indistintamente.

Em particular, as revistas íntimas são pontualmente disciplinadas pela Consolidação das Leis do Trabalho, em seção que versa sobre condições de trabalho e sobre discriminação da mulher. O art. 373-A enuncia que é vedado "proceder o empregador ou preposto a revistas íntimas nas empregadas ou funcionárias". Todavia, o conteúdo desse preceito não impede que a vedação seja constitucionalmente interpretada de maneira a alcançar todos os trabalhadores, sem distinção de sexo ou de qualquer outra natureza. Aliás, ainda que não houvesse tal previsão, a proscrição a revistas íntimas vigeria, por força da aplicação direta dos direitos fundamentais nas relações de emprego. Sua prática revela grave atentado à dignidade humana[12].

A seu turno, o controle das comunicações do empregado no local de trabalho também merece análise. A Constituição Federal estipula, em seu art. 5º, XII, a inviolabilidade do "sigilo da correspondência e das comunicações telegráficas, de dados e das comunicações telefônicas, salvo, no último caso, por ordem judicial, nas hipóteses e na forma que a lei estabelecer para fins de investigação criminal ou instrução processual penal".

Discute-se acerca da extensão da eficácia desse dispositivo em face do poder de controle atribuído ao empregador. No mundo moderno, a tecnologia e a internet tornaram-se importante ferramenta de trabalho, incorporando-se à rotina das práticas empresariais. Ocorre que tal processo de informatização das relações de trabalho trouxe novos questionamentos a respeito dos limites do poder empregatício.

---

(12) Nesse sentido, o acórdão da Terceira Turma do Tribunal Superior do Trabalho: [...]. DANO MORAL. REVISTA ÍNTIMA. O acórdão recorrido expressamente registrou que a revista íntima praticada pela empresa era vexatória, pois obrigava o reclamante a despir-se de seu uniforme em uma sala e passar a outra para vestir suas roupas pessoais, juntamente com outros colegas, conforme depoimento do próprio preposto. Dessa forma, resta comprovado o tratamento vexatório, humilhante a que se submetia o reclamante, quando das revistas. Inadmissível a atitude do empregador, ao submeter seus empregados a tais constrangimentos. A atividade patronal, qualquer que seja, não justifica expor o empregado à revista vexatória, ainda que seja apenas visual e que o empregado mantenha suas roupas íntimas; prática esta abusiva que excede o poder diretivo do empregador, pois atinge a intimidade e a dignidade do ser humano, direitos pessoais intransponíveis, previstos nos incisos III e X do artigo 5º da Lei Maior. O empregador não se apropria do pudor das pessoas ao contratá-las. Se a empresa necessitasse fazer controle dos medicamentos, deveria ter adotado outros meios de fiscalização, capazes de impedir delitos, preservando, no entanto, a intimidade de cada um. E esses outros meios de fiscalização a empresa encontrou e adotou, passando a utilizar detectores de metais, o que mostra que a revista levada a cabo pela reclamada não era a única forma de se verificar eventual desvio de medicamentos. Como bem entendeu o e. TRT, essa alteração apenas reforça o entendimento de que a conduta anterior da empresa não estava correta. No particular, o mestre Luiz de Pinho Pedreira da Silva, em festejado compêndio, lembra que ao trabalhador assiste direito a uma esfera privada em que não pode haver intromissão de outras pessoas nem do Estado. E, com apoio em Pietro Ichino, define como esfera privada o conjunto dos espaços de que a pessoa tem um gozo exclusivo, aí se situando o próprio corpo com tudo o que o reveste (*A reparação do dano moral no Direito do Trabalho*, LTr, 2004, p. 66). [...]. Processo n. TST-RR-24100-10.2007.5.02.0061. Rel. Ministro Horácio Senna Pires. Publicado em 06.08.2010. Disponível em: <http://www.tst.jus.br>. Acesso em: 23 jun. 2012.

Nas raias do poder fiscalizatório, ganhou relevo a celeuma sobre a possibilidade de o empregador monitorar e-mails enviados ou recebidos pelo empregado.

A questão pode ser segmentada em dois pontos distintos, quais sejam, o monitoramento de e-mail particular, em relação às mensagens que trafegam por meio do computador e do provedor da empresa, e o monitoramento de e-mail corporativo. O e-mail corporativo é aquele vinculado à empresa, disponibilizado a seus empregados como ferramenta de trabalho. O e-mail particular do empregado diz respeito a conta aberta por ele próprio para satisfazer o trato de assuntos pessoais (MANTOVANI JÚNIOR; SILVA, 2009, p. 824)

Segundo Garcia (2009, p. 328), "o e-mail privativo (particular) do empregado, quer dizer, desvinculado do empregador (e-mail não corporativo), encontra-se plenamente coberto pela garantia de proibição de violação do sigilo das comunicações [...]". O deferimento da salvaguarda às mensagens contidas em conta de particular de e-mail independe do fato de serem elas enviadas ou recebidas através do computador da empresa. A tutela jusfundamental do sigilo das comunicações recai sobre qualquer mensagem estabelecida, sem distinção em relação a sua origem.

A controvérsia surge na oportunidade do estudo acerca do uso do e-mail corporativo. O Tribunal Superior do Trabalho tem entendido ser possível o controle de conteúdo das mensagens enviadas e recebidas por meio do e-mail fornecido pela empresa ao empregado, costumeiramente designado como e-mail corporativo, sob o argumento de que se trata de ferramenta de trabalho[13].

Na esteira desse entendimento, Romita (2006, p. 318) afirma que o monitoramento de e-mails "deriva do poder de direção", sendo despicienda previsão contratual expressa a respeito.

Todavia, conforme alerta Pessoa (2009, p. 77), o posicionamento do Tribunal Superior do Trabalho deve ser visto com ressalva, dado que há outras ferramentas

---

(13) Ilustrativamente, veja-se a seguinte decisão da Sétima Turma do Tribunal Superior do Trabalho: [...]. I) DANO MORAL — NÃO CARACTERIZAÇÃO — ACESSO DO EMPREGADOR A CORREIO ELETRÔNICO CORPORATIVO — LIMITE DA GARANTIA DO ART. 5º, XII, DA CF. 1. O art. 5º, XII, da CF garante, entre outras, a inviolabilidade do sigilo da correspondência e da comunicação de dados. 2. A natureza da correspondência e da comunicação de dados é elemento que matiza e limita a garantia constitucional, em face da finalidade da norma: preservar o sigilo da correspondência — manuscrita, impressa ou eletrônica — da pessoa — física ou jurídica — diante de terceiros. 3. Ora, se o meio de comunicação é o institucional — da pessoa jurídica —, não há de se falar em violação do sigilo de correspondência, seja impressa ou eletrônica, pela própria empresa, uma vez que, em princípio, o conteúdo deve ou pode ser conhecido por ela. 4. Assim, se o "e-mail" é fornecido pela empresa, como instrumento de trabalho, não há impedimento a que a empresa a ele tenha acesso, para verificar se está sendo utilizado adequadamente. Em geral, se o uso, ainda que para fins particulares, não extrapola os limites da moral e da razoabilidade, o normal será que não haja investigação sobre o conteúdo de correspondência particular em "e-mail" corporativo. Se o trabalhador quiser sigilo garantido, nada mais fácil do que criar seu endereço eletrônico pessoal, de forma gratuita, como se dá com o sistema "gmail" do Google, de acesso universal. 5. Portanto, não há dano moral a ser indenizado, em se tratando de verificação, por parte da empresa, do conteúdo do correio eletrônico do empregado, quando corporativo, havendo suspeita de divulgação de material pornográfico, como no caso dos autos. Processo n. TST-RR-9.961/2004-015-09-00.1. Rel. Ministro Ives Gandra Martins Filho. Publicado em 18.2.2009. Disponível em: <http://www.tst.jus.br>. Acesso em: 23 jun. 2012.

de comunicação no trabalho cujo uso está amparado pelo sigilo prescrito no art. 5º, XII, da Constituição. É o que ocorre com as ligações telefônicas completadas por meio do telefone da empresa. No dizer da autora, não é cabível "a utilização de escutas telefônicas no ambiente de trabalho, em que pese os telefones colocados à disposição do empregado sejam também instrumentos de trabalho" (PESSOA, 2009, p. 77-78).

Para evitar o trânsito de comunicações indesejáveis pelo e-mail corporativo, o empregador poderá implantar controle mediante filtros informatizados de conteúdo (imagens, palavras e tamanho de arquivo) das mensagens eletrônicas enviadas e recebidas pelo empregado por meio desse canal. Pode haver, também, um controle em relação ao número diário de mensagens enviadas e recebidas, bem como a extração de um relatório de emissores e destinatários dos e-mails dos empregados, desde que nunca seja violado o conteúdo daquelas.

Concorda-se, em razão do exposto, com a conclusão de Ramos Filho e Negrisoli (2009, p. 487), para quem o monitoramento de e-mails dos empregados, corporativos ou não, configura "restrição ilegítima ao direito fundamental à privacidade, da mesma forma como seria abusivo admitir-se a escuta telefônica na sala do empregado ao argumento de que as contas telefônicas daquele aparelho seriam custeadas pela empresa".

Outrossim, se onde há a mesma razão deve haver o mesmo direito, o uso dos telefones da empresa somente pode ser fiscalizado por meio da emissão de relatórios sobre as ligações, sem que se exija do empregado a exposição dos assuntos que foram nelas tratados. Rechaça-se qualquer possibilidade de se legitimar a gravação de ligações recebidas ou realizadas pelo empregado.

Mesmo exercido nos termos das limitações anteriormente consolidadas, o controle do uso do e-mail corporativo ou do telefone da empresa somente será lícito se houver expressa ciência do empregado a respeito disso. Trata-se de aplicação horizontal direta e imediata do direito fundamental à informação, previsto e tutelado no art. 5º, inciso XIV, da Constituição Federal. O conceito de informação utilizado pelo preceito deve ser compreendido em sua máxima extensão.

Romita (2009, p. 306) explica que "o direito à informação compreende o direito de transmitir informações, o de colher informações e o de ser mantido informado". Tal comando tem grande repercussão na esfera contratual, ao determinar que as partes exerçam seus direitos e quitem suas obrigações com probidade e boa-fé[14].

Essa lealdade contratual somente pode ser obtida mediante uma pactuação às claras, na qual seja revelado todo o conteúdo do poder empregatício que será exercido. Em especial, o empregado deverá ser informado acerca das eventuais

---

(14) Em tempos de profusão das ações de Habeas Data, de criação da Comissão da Verdade (Lei n. 12.528/2011) e de edição da Lei de Acesso à Informação (Lei n. 12.527/2011), sobreleva o direito fundamental à informação como elemento central de cidadania, o qual tem extensa aplicabilidade no âmbito da relação empregatícia.

limitações a seus direitos fundamentais que serão implementadas em virtude do contrato. Somente assim sua manifestação de vontade será efetivamente hígida, porque versará sobre toda a extensão do poder empregatício a ser exercido no curso do negócio jurídico firmado.

Em termos práticos, o ajuste deve ser celebrado de modo a propiciar às partes o acesso a todas as informações possíveis acerca do serviço a ser executado e, ao mesmo tempo, sobre os instrumentos pelos quais o empregador deseja dirigi-lo e fiscalizá-lo. A potencial utilização de quaisquer meios que restrinjam direitos da personalidade do empregado deve ser comunicada previamente ao empregado, tendo em vista seu direito a ser informado sobre as condições às quais se submeterá em razão do contrato.

O exercício do poder regulamentar também produz violações a direitos fundamentais nas relações de emprego. Segundo Delgado (2011, p. 618), concebe--se o poder regulamentar como o conjunto de prerrogativas "dirigidas à fixação de regras gerais a serem observadas no âmbito do estabelecimento e da empresa". O ilustre professor ensina, mais, que os diplomas resultantes do poder regulamentar empresarial não constituem normas jurídicas, mas cláusulas contratuais (DELGADO, 2011, p. 619).

A interpretação do poder regulamentar também não refoge da linha teórica adotada neste estudo. Seu exercício deve se efetivar em consonância com a proteção jusfundamental deferida ao ser humano. Vale dizer, as deliberações internas da empresa tem seu raio de regulação totalmente condicionado pelas normas jurídicas vigentes, em especial os direitos fundamentais.

Essa premissa não é respeitada, contudo, nos casos em que o empregador resolve estipular instruções internas que limitam o uso do banheiro durante a jornada de trabalho de seus empregados, em flagrante atentado contra a intimidade e a integridade física do trabalhador. É nitidamente teratológico admitir que o poder regulamentar possa disciplinar o modo pelo qual os órgãos e sistemas vitais do empregado devem funcionar. O absurdo decorre da tentativa de subordinar a integridade física e biológica do ser humano a padrões lógicos e gerais, como se o organismo fosse mais uma engrenagem da linha de produção empresarial. Nesse sentido, afasta-se, em qualquer caso, a possibilidade de o poder regulamentar se aventurar a estabelecer controle sobre a fisiologia do trabalhador [15].

---

(15) Veja-se, a propósito, o julgado da Sexta Turma do Tribunal Superior do Trabalho: AGRAVO DE INSTRUMENTO. RECURSO DE REVISTA. LIMITAÇÃO AO USO DO BANHEIRO — DANO MORAL — DESRESPEITO AO PRINCÍPIO FUNDAMENTAL DA DIGNIDADE DA PESSOA HUMANA. A conquista e afirmação da dignidade da pessoa humana não mais podem se restringir à sua liberdade e intangibilidade física e psíquica, envolvendo, naturalmente, também a conquista e afirmação de sua individualidade no meio econômico e social, com repercussões positivas conexas no plano cultural — o que se faz, de maneira geral, considerado o conjunto mais amplo e diversificado das pessoas, mediante o trabalho e, particularmente, o emprego. O direito à indenização por danos moral e material encontra amparo no art. 186, Código Civil, c/c art. 5º, X, da CF, bem como nos princípios basilares da nova ordem constitucional, mormente

Por fim, na dimensão do poder disciplinar, percebe-se uma infinita gama de práticas que ainda não têm sido levadas a efeito de acordo com a Constituição. O início do debate acerca dos contornos que dirigem seu exercício perpassa a apreensão de sua definição. Invoca-se, mas uma vez o escólio de Delgado (2011, p. 622), para quem o poder disciplinar é o conjunto de prerrogativas "dirigidas a propiciar a imposição de sanções aos empregados em face do descumprimento por esses de suas obrigações contratuais".

A primeira questão atinente ao poder disciplinar a ser investigada diz respeito aos requisitos para a aplicação de penalidades ao empregado. Delgado (2011, p. 653-658) subdivide referidos critérios em requisitos objetivos (tipicidade da conduta obreira, natureza da matéria envolvida e a gravidade da conduta do trabalhador), requisitos subjetivos (autoria obreira da infração e dolo ou culpa) e circunstanciais (nexo causal entre a falta e penalidade, adequação entre a falta e a pena aplicada, proporcionalidade entre elas, imediaticidade da punição, ausência de perdão tácito, singularidade da punição, inalteração da punição, ausência de discriminação, caráter pedagógico da penalidade e a gradação de penalidades).

Interessa ao presente estudo a análise dos requisitos circunstanciais para aplicação das penalidades. A democrática doutrina em torno deles delineada pode ser completada pela teoria da eficácia irradiante das normas constitucionais e, ainda, pela tese da eficácia horizontal dos direitos fundamentais.

Os critérios engendrados para o aferimento da validade jurídica da aplicação de sanções trabalhistas não constituem decisionismos. Decorrem eles, com efeito, da harmonização necessária existente entre a liberdade de iniciativa, direito titularizado pelo empregador no âmbito do contrato de trabalho, e o mandamento de valorização social do trabalho. É em virtude da leitura constitucional da livre iniciativa que o poder empregatício encontra-se condicionado pela tutela constitucional do trabalho.

---

naqueles que dizem respeito à proteção da dignidade humana e da valorização do trabalho humano (art. 1º, da CR/88). Na hipótese, restou consignado pelo Regional que houve ofensa à dignidade da Reclamante, configurada na situação fática de restrição ao uso do banheiro, já que: a) era necessária uma autorização para o uso (que poderia demorar até uma hora); b) os empregados dispunham de somente cinco minutos para ir ao banheiro (se ultrapassado tal limite, sofreriam punições); c) a Reclamante trabalhava durante 7 horas diariamente, dispondo somente de cinco minutos para ir ao banheiro; d) ao justificar o uso do banheiro em tempo superior ao permitido pela empresa (5 minutos), a obreira expôs sua intimidade a terceiros, contra a sua vontade. A empregadora, ao adotar um sistema de fiscalização que engloba inclusive a ida e controle temporal dos empregados ao banheiro, ultrapassa os limites de atuação do seu poder diretivo para atingir a liberdade do trabalhador de satisfazer suas necessidades fisiológicas, afrontando normas de proteção à saúde e impondo-lhe uma situação degradante e vexatória. Essa política de disciplina interna revela uma opressão desproposital, autorizando a condenação no pagamento de indenização por danos morais. Ora, a higidez física, mental e emocional do ser humano são bens fundamentais de sua vida privada e pública, de sua intimidade, de sua autoestima e afirmação social e, nessa medida, também de sua honra. São bens, portanto, inquestionavelmente tutelados, regra geral, pela Constituição Federal (art. 5º, V e X). Agredidos em face de circunstâncias laborativas, passam a merecer tutela ainda mais forte e específica da Carta Magna, que se agrega à genérica anterior (art. 7º, XXVIII, da CF). Agravo de instrumento desprovido. Processo n. TST-AIRR-6740-31.2006.5.01.0027. Rel. Ministro Mauricio Godinho Delgado. Publicado em 28.10.2010. Disponível em: <http://www.tst.jus.br>. Acesso em: 23 jun. 2012.

Observe-se, nesse contexto, que os requisitos circunstanciais anteriormente expendidos são, majoritariamente, extrações interpretativas dessa tensão existente entre o exercício do poder empregatício e as prescrições de proteção do trabalho. As noções de adequação entre a falta e a pena, de proporcionalidade entre elas e de gradação das penalidades escancaram que o exercício do poder disciplinar não apresenta caráter absoluto. Tais critérios vinculam o conteúdo da penalidade a ser aplicada.

O texto constitucional impõe a necessidade de valorização do trabalho (art. 1º, IV), consagra o direito fundamental ao trabalho (art. 6º, *caput*) e estabelece a atávica conexão existente entre a proteção do trabalho e a dignidade da pessoa humana (art. 1º, III). Uma vez cometida uma infração pelo obreiro, a definição da penalidade a ser aplicada deverá levar em conta todo o arcabouço jusfundamental contido nesses preceitos.

Do mesmo modo assentados na ordem constitucional, os critérios de singularidade, inalteração e imediaticidade da punição, aliado este ao requisito de ausência de perdão tácito, refletem limitações formais ao eventual sancionamento do empregado. Atuam em prol da continuidade da relação de emprego, sem, todavia, delimitar restrição ao poder empregatício em relação à definição da sanção aplicável.

O critério de ausência de discriminação na aplicação de penalidades também assume caráter material. Não pode haver punições diferentes para obreiros que cometem a mesma falta, ressalvados os casos em que houver distinta intensidade de participação de cada um deles no evento irregular e os casos de reincidência (DELGADO, 2011, p. 657). Revela-se, por esse critério, a aplicação direta do direito à isonomia (art. 5º, *caput*).

As penalidades admitidas pela ordem jurídica trabalhista são advertência, suspensão e dispensa por justa causa (GOMES; GOTTSCHALK, 2008, p. 74). Barros (2009, p. 609) pontua, ainda, que a aplicação de multas não é lícita, salvo na singular realidade jurídica dos jogadores de futebol, cuja profissão é regida por legislação específica (Lei n. 9.615/98).

Sem desprezar a importância de todas as espécies punitivas indigitadas na realidade empresarial, elege-se a dispensa por justa causa como tema ilustrativo, dentro da perspectiva pontual adotada nesta seção do trabalho.

A dispensa por justa causa é a mais grave das penalidades trabalhistas aplicáveis aos trabalhadores que cometem infração disciplinar. No dizer de Garcia (2009, p. 605), consiste na "cessação do contrato de trabalho em razão da prática de ato faltoso, dotado de gravidade", que abala a relação de fidúcia entre as partes da relação de emprego.

Dentro do conjunto taxativo de infrações obreiras tipificadas, há um rol principal, contido no art. 482 da Consolidação das Leis do Trabalho[16], que incide

---

(16) Transcreve-se o dispositivo celetista: "Art. 482 — Constituem justa causa para rescisão do contrato de trabalho pelo empregador: a) ato de improbidade; b) incontinência de conduta ou mau procedimento;

sobre todos os trabalhadores empregados. No elenco estatuído nesse diploma legal, surge tipificada como justa causa a embriaguez habitual ou em serviço (art. 482, alínea "f").

A leitura apressada desse dispositivo poderia ensejar a equivocada conclusão de que o habitual estado etílico do empregado, em serviço ou fora dele, poderia sempre ensejar a aplicação da penalidade de dispensa por justa causa. Entretanto, quando se promove a filtragem constitucional do preceito, percebe-se que a adequada resposta para situações dessa espécie encontra-se na Constituição Federal.

Registre-se, nessa linha de raciocínio, a tendência contemporânea de se afastar a possibilidade de exercício do poder disciplinar quando diagnosticado o alcoolismo, já catalogado como doença pela Organização Mundial de Saúde (DELGADO, 2011, p. 1140). A situação do empregado alcoólatra deve ser vista, antes de tudo, como um problema de saúde, e não como um tipo legal de infração disciplinar. Uma vez constatada a dependência do empregado em relação ao álcool, os mandamentos constitucionais de preservação da dignidade humana e da valorização do trabalho, aliados ao direito fundamental à saúde de que goza todo cidadão, impedem que o poder disciplinar seja exercido[17]. Eventual dispensa do empregado, nessa circunstância, produziria efeitos nefastos para ao agravamento de seu quadro clínico, na medida em que o trabalho, além de propiciar o sustento das necessidades humanas, propicia ao indivíduo a exteriorização de sua personalidade.

---

c) negociação habitual por conta própria ou alheia sem permissão do empregador, e quando constituir ato de concorrência à empresa para a qual trabalha o empregado, ou for prejudicial ao serviço; d) condenação criminal do empregado, passada em julgado, caso não tenha havido suspensão da execução da pena; e) desídia no desempenho das respectivas funções; f) embriaguez habitual ou em serviço; g) violação de segredo da empresa; h) ato de indisciplina ou de insubordinação; i) abandono de emprego; j) ato lesivo da honra ou da boa fama praticado no serviço contra qualquer pessoa, ou ofensas físicas, nas mesmas condições, salvo em caso de legítima defesa, própria ou de outrem; k) ato lesivo da honra ou da boa fama ou ofensas físicas praticadas contra o empregador e superiores hierárquicos, salvo em caso de legítima defesa, própria ou de outrem; l) prática constante de jogos de azar. Parágrafo único — Constitui igualmente justa causa para dispensa de empregado a prática, devidamente comprovada em inquérito administrativo, de atos atentatórios à segurança nacional".

(17) A jurisprudência tem atentado para esses argumentos, como demonstra o seguinte julgado da Primeira Turma do Tribunal Superior do Trabalho: RECURSO DE REVISTA. FALTA GRAVE. ALCOOLISMO. JUSTA CAUSA. 1. O alcoolismo crônico, nos dias atuais, é formalmente reconhecido como doença pela Organização Mundial de Saúde — OMS, que o classifica sob o título de síndrome de dependência do álcool — cuja patologia gera compulsão, impele o alcoolista a consumir descontroladamente a substância psicoativa e retira-lhe a capacidade de discernimento sobre seus atos. 2. Assim é que se faz necessário, antes de qualquer ato de punição por parte do empregador, que o empregado seja encaminhado ao INSS para tratamento, sendo imperativa, naqueles casos em que o órgão previdenciário detectar a irreversibilidade da situação, a adoção das providências necessárias à sua aposentadoria. 3. No caso dos autos, resta incontroversa a condição da dependência da bebida alcoólica pelo reclamante. Nesse contexto, considerado o alcoolismo, pela Organização Mundial de Saúde, uma doença, e adotando a Constituição da República como princípios fundamentais a dignidade da pessoa humana e os valores sociais do trabalho, além de objetivar o bem de todos, primando pela proteção à saúde (arts. 1º, III e IV, 170, 3º, IV, 6º), não há imputar ao empregado a justa causa como motivo ensejador da ruptura do liame empregatício. 4. Recurso de revista não conhecido. Processo n. TST-RR-152900-21.2004.5.15.0022. Rel. Ministro Lélio Bentes Corrêa. Publicado em 20.05.2011. Disponível em: <http://www.tst.jus.br>. Acesso em: 25 jun. 2012.

Depreende-se, então, que inexiste discricionariedade para que o empregador determine punições em desfavor de seus empregados. A constitucionalização do Direito permite que, em qualquer caso, perquiram-se respostas a partir da parametricidade constitucional. Mediante esse processo, torna-se exequível a redução do desequilíbrio contratual natural existente entre empregador e empregado, sem que seja desprestigiada a liberdade de iniciativa própria daquele.

Uma última ponderação deve ser consignada na senda do poder disciplinar. Cuida-se da possibilidade de aplicação dos direitos fundamentais ao contraditório e à ampla defesa nos procedimentos de aplicação de penalidades justrabalhistas.

O assunto não é recorrente na doutrina. Menezes et al. (2009, p. 968) reconhecem que, na prática empresarial, as penas são impostas sem pré-aviso e sem que seja ofertada ao trabalhador a faculdade de apresentar defesa.

Para Delgado (2011, p. 649), o poder disciplinar é uma prerrogativa do empregador, motivo pelo qual pode ser exercido de forma unilateral. A regra geral enunciada, contudo, pode ser excepcionada quando o regulamento de empresa prescreve a instauração de sindicância ou outro procedimento dialógico como pressuposto para a aplicação de punições (DELGADO, 2011, p. 649). Esse entendimento já encontra ressonância na jurisprudência[18].

No afã de tornar mais democrática e menos arbitrária a execução de sanções trabalhistas no bojo da relação de emprego, mister se faz transformar a exceção em regra. Para tanto, é necessário entender que a aplicação de penalidade deve estar sempre condicionada à prévia oportunização de defesa ao empregado, sob pena de nulidade. Refere-se, aqui, à incidência direta no contrato de trabalho do art. 5º, LV, da Constituição Federal, segundo o qual "aos litigantes, em processo judicial ou administrativo, e aos acusados em geral são assegurados o contraditório e ampla defesa, com os meios e recursos a ela inerentes".

A sistemática atual do poder disciplinar consagra a discricionariedade e, não raro, a arbitrariedade, na medida em que o empregador opera como justiça privada, acumulando prerrogativas de parte e de juiz, sem que seja garantido ao empregado o direito à informação e à ampla defesa (MENEZES et al. 2009, p. 968-970).

O direito à informação também merece destaque nessa seara. Por se tratar de elemento central no Estado Democrático de Direito, na medida em que propicia

---

(18) Cite-se, nessa linha, a decisão proferida pela Sétima Turma do Tribunal Superior do Trabalho: [...] INQUÉRITO ADMINISTRATIVO. AUSÊNCIA DE INTIMAÇÃO. AFRONTA AO DIREITO DE AMPLA DEFESA. REINTEGRAÇÃO. Da análise do acórdão regional, extrai-se, de forma insofismável, que o autor não foi cientificado do resultado do inquérito administrativo, mas, apenas, da demissão imediata. Efetivamente há no regulamento interno do reclamado a determinação para a ciência do empregado, com o objetivo de lhe possibilitar a interposição do recurso administrativo, contra o teor da apuração realizada. Flagrante o desrespeito o direito ao contraditório e à ampla defesa, conforme insculpido na Constituição Federal, consoante art. 5º, LV. Recurso de revista de que se conhece e a que se dá provimento. Processo n. TST-RR-102100-61.2006.5.08.0103. Rel. Ministro Pedro Paulo Manus. Publicado em 15.10.2010. Disponível em: <http://www.tst.jus.br>. Acesso em: 23 jun. 2012.

a transparência das relações jurídicas, tal prerrogativa não pode ser relegada ao ostracismo no âmbito da relação de emprego.

Diante do exposto, é dever do empregador, uma vez dotado da pretensão de punir, promover as condições formais e materiais para que o empregado possa exercitar seu direito de defesa. A cominação unilateral de penalidades contra o empregado não atende aos anseios constitucionais de harmonização entre a liberdade de empresa e a valorização social do trabalho. Esse modelo implica a exasperação da desigualdade contratual, ao invés de atenuá-la, conforme ordena a Constituição.

Inobstante a impossibilidade de esgotamento da matéria, o presente subtítulo traçou a linha condutora para a difusão e concretização da ideia de um contrato constitucional de trabalho. Como exigência do pós-positivismo, promove-se a abertura do Direito — e do contrato de trabalho, por consequência — à filtragem constitucional, harmonizando-se liberdade de iniciativa e valorização social do trabalho.

Disso se conclui que a ideia de um contrato constitucional de trabalho não consiste em utopia ou divagação retórica. Na verdade, consiste em um comando de *dever ser*, forjado e robustecido na esteira do movimento de constitucionalização do direito, por meio do qual se intenta mitigar a desigualdade característica da relação de emprego. Isso se torna palpável a partir da outorga de efetividade aos direitos fundamentais do trabalhador.

O Direito do Trabalho pós-positivista, a despeito de preocupar-se com grandes desafios da humanidade, não despreza as ocorrências triviais na seara do contrato de trabalho. Busca, ao contrário, transformar as minudências do mundo do trabalho em questões da mais profunda importância, constitucionalizando-as.

Com amparo nesse raciocínio, tornou-se possível vislumbrar a edificação de uma nova teoria justrabalhista, cujas bases assentam-se na necessária releitura do Direito do Trabalho à luz dos princípios constitucionais e dos direitos fundamentais que lhe são caros. Somente dessa forma o trabalho e o emprego serão salvaguardados nos moldes impostos pela Constituição.

4.3. AUTONOMIA DOS DIREITOS FUNDAMENTAIS TRABALHISTAS E SEU CARÁTER CONTRAMAJORITÁRIO: DA VEDAÇÃO AO RETROCESSO SOCIAL NO ÂMBITO DO DIREITO DO TRABALHO. A PROBLEMÁTICA DA FLEXIBILIZAÇÃO JUSTRABALHISTA NO BRASIL

Segundo Streck (2009b, p. 470), a história do Direito pode ser notada como "a história de superação do poder arbitrário". Por essa razão, deve ser enfrentado o lugar em que a escolha ou decisão privilegiada ocorre. A discricionariedade política, ainda que baseada na vontade geral rosseauniana, não se coaduna com as ideias de pós-positivismo, neoconstitucionalismo e democracia, as quais pressupõem um elevado grau de autonomia do Direito (STRECK, 2009b, p. 470-474).

Foi a partir da aposta na discricionariedade política legitimada por uma maioria política eventual que eclodiram os Estados totalitários nazi-fascistas, cujas práticas legislativas, administrativas e judiciárias revelavam uma iterativa agressão a direitos fundamentais das minorias. A esse problema, o Direito ofereceu como resposta a construção de uma estrutura direcionada a possibilitar a limitação do exercício da discricionariedade política a partir de um sistema de garantias acostado à Constituição (STRECK, 2009b, p. 472-473).

Esse sistema de garantias situa-se na autonomia do Direito em relação às outras dimensões com ele naturalmente intercambiáveis, como a política e a economia. Deve ser essa autonomia do Direito entendida como uma "blindagem contras as próprias dimensões que o engendra(ra)m" (STRECK, *apud* CONTO, 2008, p. 13).

O Brasil, com o advento da Constituição Federal de 1988, passou a reger-se por um ordenamento jurídico afinado com o sobredito propósito. A ordem constitucional vigente emergiu como instrumento de contenção da vontade das maiorias e, além disso, apontou os caminhos para a transformação da sociedade a partir do direito, ao incorporar as promessas incumpridas da modernidade (STRECK, 2009b, p. 473).

Para tanto, a Constituição estabeleceu um extenso rol de direitos fundamentais, os quais operam como anteparo contramajoritário. Tal concepção permite que a decisão da maioria não quebre o direito fundamental de um. À luz do princípio da dignidade da pessoa humana, o Estado Democrático de Direito assegura a cada ser humano uma esfera de autonomia que não pode ser comprimida, restringida ou hostilizada, ainda que não corresponda aos padrões da vontade geral (NOVAIS, 2007, p. 88).

Novais (2007, p. 89) destaca que a noção de direitos fundamentais como trunfos contramajoritários apresenta-se "adequada à proteção dos grupos ou indivíduos cuja debilidade, isolamento ou marginalidade não lhes permita, mesmo em quadro de vida democrático, a possibilidade de influenciarem as escolhas governamentais". Todos os seres humanos são dotados de dignidade e merecem a proteção estatal isonômica, independentemente de suas diferenças culturais.

Nesse sentido, reproduz-se a lição de Streck (2009b, p. 19):

> A regra contramajoritária, desse modo, vai além do estabelecimento de limites formais às assim denominadas maiorias eventuais; de fato, ela representa a materialidade do núcleo político-essencial da Constituição, representado pelo compromisso — no caso brasileiro, tal questão está claramente explici-

tada no art. 3º da Constituição — do resgate das promessas da modernidade, que apontará, ao mesmo tempo, para as vinculações positivas (concretização dos direitos prestacionais) e para as vinculações negativas (proibição de retrocesso social), até porque cada norma constitucional possui diversos âmbitos eficaciais [...].

Nota-se, portanto, que a autonomia dos direitos fundamentais está imbricada na ideia de vedação ao retrocesso social. Afinal, consignar que determinada maioria política não pode impor reformas jurídicas que atentem contra o patamar de cidadania já adquirido pelo ser humano é o mesmo que proscrever o retrocesso social.

O princípio da vedação ao retrocesso social pertence à estrutura do Estado Democrático de Direito, pois consubstancia a síntese do processo histórico-cultural de evolução da teoria dos direitos fundamentais. Mesmo nas ordens constitucionais democráticas em que não se assenta em expressa previsão, tal princípio vige com incolumidade absoluta, dada sua indissociabilidade em relação ao paradigma jusfilosófico do pós-positivismo.

A par de sua inerente vinculação à segurança jurídica, figura, mais, como corolário dos comandos de máxima efetividade dos direitos fundamentais e de preservação da dignidade da pessoa humana (SARLET, 2007, p. 459). Segundo Canotilho (1999, p. 336-337), o princípio da proibição de retrocesso social exige que o núcleo de direitos sociais já realizado e efetivado por mediação legislativa deve se considerar constitucionalmente assegurado, sendo inconstitucionais quaisquer medidas que traduzam "anulação, revogação ou aniquilação pura e simples desse núcleo essencial".

Sarlet (2007, p. 456) registra que negar o reconhecimento a esse mandamento significaria admitir que o poder público está autorizado a escolher discricionariamente suas decisões, à revelia da vontade do constituinte. Todavia, o próprio autor admite a relativização de seu alcance, ao tolerar a promoção de "ajustes", bem como "a redução ou flexibilização em matéria de segurança social", desde que respeitado o "mínimo existencial" (SARLET, 2007, p. 461).

A despeito da autoridade da doutrina trazida à colação, o presente estudo envereda-se por trilha mais garantista, lastreada no entendimento de que o princípio da vedação ao retrocesso social não autoriza a abolição ou a mitigação de direitos fundamentais já incorporados ao acervo jurídico do ser humano.

Cumpre pontuar que não se advoga, aqui, a inalterabilidade ou imutabilidade dos direitos fundamentais. O que se deseja por meio dessa proposição é tão somente evitar a derruição das conquistas jusfundamentais da pessoa humana. Assim, é possível admitir que haja transformações nos direitos fundamentais, desde que por meio delas se incremente o patamar jurídico de cidadania consolidado. Tentativas de alteração *in pejus* dessas prerrogativas devem ser totalmente descartadas.

O propalado "mínimo existencial"[19], a nosso ver, consiste na totalidade do arcabouço jusfundamental deferido pela ordem constitucional ao ser humano[20], e não em um conjunto de direitos eleito de modo subjetivo pela doutrina. Dizer que alguns direitos fundamentais podem ser objeto de retrocesso social (mesmo que pontual) é o mesmo que afirmar que alguns direitos fundamentais não são, de fato, fundamentais.

Ora, se o poder constituinte decidiu por estabelecer um elenco numeroso de direitos fundamentais em favor do ser humano, determinando explicitamente sua máxima efetividade (art. 5º, § 1º) e a proibição de seu retrocesso (art. 60, § 4º), não resta margem para interpretações que sugiram o oposto. O consenso acerca da normatividade dos princípios e do caráter dirigente e compromissório da Constituição não pode malograr-se quando vem à tona a querela sobre a concretização dos direitos sociais.

Aliás, convém frisar que não há considerável discordância na prática jurídica a respeito da afirmação de que os direitos sociais se encontram acolhidos pela proteção do art. 60, § 4º, do texto constitucional. A sistemática da Constituição expõe que os direitos sociais compõem sua identidade, fato que transparece nas enunciações dos princípios e objetivos da República (SARLET, p. 430-431).

Esse entendimento encontra ressonância na doutrina de Bonavides (2006, p. 642), conforme a qual a observância, a prática e a defesa dos direitos sociais constituem o pressuposto mais importante para a efetividade da dignidade humana, no contexto de uma organização democrática da sociedade e do poder.

Na mesma toada é o pronunciamento de Cruz (2007, p. 337):

> Dito de outro modo, não há como pretender apartar os direitos individuais dos direitos sociais, como, por exemplo, na discussão acerca da extensão das cláusulas pétreas da Constituição (art. 60, § 4º, inciso IV). De modo metafórico, é possível estudar de forma apartada os sistemas circulatório e respiratório do homem, mas, na prática, eles não podem subsistir um sem o outro (CRUZ, 2007, p. 337).

Reis (2010, p. 127) aduz que a proteção deferida "à pessoa por força de sua excelência, na dimensão econômica, social e cultural, exige uma contínua promoção,

---

(19) Trata-se de conceito formulado para se estabelecer uma limitação à reserva do possível. Sarlet define o mínimo existencial como "o conjunto de prestações materiais que asseguram a cada indivíduo uma vida com dignidade, que necessariamente só poderá ser uma vida saudável, que corresponda a padrões qualitativos mínimos". Cf: SARLET, Ingo Wolfgang. *A eficácia dos direitos fundamentais*. 7. ed. Porto Alegre: Livraria do Advogado, 2007, p. 461-462. Segundo Torres, o mínimo existencial "compreende os direitos fundamentais originários (direitos de liberdade) e os direitos sociais, todos em sua expressão essencial, mínima e irredutível". Cf: TORRES, Ricardo Lobo. *O direito ao mínimo existencial*. Rio de Janeiro: Renovar, 2009. p. 37.
(20) Desde que superior ao patamar de direitos conferido à pessoa humana na órbita internacional.

sem supressão das garantias já afiançadas pelas ordens jurídicas nacionais ou internacional". Na esteira desse raciocínio, a autora assim disserta:

> Por esta razão, muito embora a literalidade do art. 60, § 4º da CF/88 tenha imantado de inderrogabilidade os direitos e garantias individuais, os direitos sociais consagrados também hão de ser considerados cláusulas pétreas, não sendo de se admitir como válida a emenda constitucional, bem como tratado internacional que venha a ser ratificado pelo Brasil e que venha abolir ou até mesmo precarizar as condições de trabalho já sagradas como direitos fundamentais (REIS, 2010, p. 149).

Os direitos sociais, de irretorquível essência jusfundamental, devem se apresentar suficientemente robustos para obstar a difusão das teorias minimalistas do Estado, cujas bases estão sediadas numa compreensão anacrônica acerca da normatividade constitucional. Por gozarem de autonomia, sua efetividade é norma jurídica tanto nos momentos de prosperidade como naqueles de recessão econômica. Noutras palavras, o conteúdo da dignidade humana não varia conforme as intempéries de política econômica, motivo pelo qual, em qualquer cenário, os mandamentos que promovem sua preservação permanecem hígidos e imperativos. Entre tais comandos situam-se os direitos sociais.

A consagração da intangibilidade dos direitos sociais, entre os quais se encontram os direitos trabalhistas, é o único caminho para que as teses de desregulamentação e flexibilização[21] não se tornem realidade. Veja-se que, no entender de Pastore (2007, p. 159-161), para o alcance de uma verdadeira modernização no sistema de regulação trabalhista, o Brasil deveria "modificar o art. 7º da Constituição Federal, para assegurar um mínimo de direitos negociáveis e abrir o campo para a negociação de vários outros direitos que hoje fazem parte do bloco rígido dos direitos não transacionáveis".

Afirmações dessa espécie desconsideram a historicidade dos direitos fundamentais e seu processo de incorporação pela ordem jurídica brasileira. Os direitos sociais, no Brasil, ainda constituem promessas constitucionais, dado que não houve, nestas terras, um verdadeiro Estado Social de Direito, mas apenas seu simulacro.

Cavalcanti (2008, p. 134) alerta que, sob os auspícios da orientação neoliberal, a flexibilização está associada aos desideratos de eliminação, diminuição e substituição da norma protetora trabalhista por outra norma que favorece a atuação do empresário. A proposta da flexibilidade justrabalhista visa à substituição integral

---

(21) Na lição de Cavalcanti (2008, p. 131), em sentido estrito, diferencia-se a flexibilização da desregulamentação: esta diz respeito à "eliminação" das normas estatais de proteção do trabalho, enquanto aquela se refere à "adaptação autônoma, negociada e condicionada" do regime normativo justrabalhista. Em sentido amplo, porém, pode-se dizer que a desregulamentação ou desregulação é uma espécie de flexibilização promovida pela legislação.

do elemento heterônomo tuitivo pela manifestação da autonomia da vontade (CAVALCANTI, 2008, p. 134).

O projeto neoliberal representa, para o Direito do Trabalho, inegável retrocesso social, em virtude de sua incompatibilidade com a perspectiva humanitária e de redução das diferenças na sociedade (POCHMANN, 2003, p. 14). Os motes do mercado financeiro contrapõem-se paradoxalmente às funções civilizatórias e democratizantes desse ramo especializado, visto que a distribuição de renda é "ponto abolido da agenda capitalista mundial" (COUTINHO, 2009, p. 50).

Repita-se que as transformações da economia, em escala regional ou mundial, não modificam o conteúdo da dignidade da pessoa humana constitucionalmente desenhado, e tampouco eximem o Estado de atuar em direção à materialização dos direitos fundamentais. Assim, propugnar a flexibilização (sem seu sentido neoliberal) de dispositivos jusfundamentais trabalhistas inegociáveis nada mais é do que sugerir golpe silencioso, tendo em vista o caráter estrutural atribuído ao princípio da vedação ao retrocesso social na construção do Estado Democrático de Direito.

Mister se faz recordar, ainda, que o art. 7º, *caput* da Constituição Federal estabelece o caráter progressista do Direito do Trabalho, ao apresentar a relação de direitos dos trabalhadores sem prejuízo de outros que visem à melhora de sua condição social. A tendência justrabalhista, portanto, de acordo com o mandamento constitucional, é expandir sua tutela e não promover sua relativização por razões econômicas.

Pode-se asseverar, sem medo de equívoco, que a Constituição Federal brasileira, na parte que toca aos direitos trabalhistas, consagra não apenas a vedação ao retrocesso social, mas também o mandamento de progresso social, a reboque do disposto em seu art. 7º, *caput*. Destarte, não basta apenas assegurar e concretizar o que já foi conquistado: o Estado e a sociedade devem se comprometer com uma busca incessante pela criação de novos direitos para a classe trabalhadora, orientada pelo princípio da justiça social.

O princípio da proteção, pedra angular do Direito do Trabalho, resulta da síntese entre progresso e não retrocesso social. Por ele, enuncia-se a teleologia desse ramo jurídico, substanciada na retificação jurídica da desigualdade socioeconômica inerente à relação entre capital e trabalho (REIS, 2010, p. 20).

Em razão disso, o intento de desregulamentar ou desprover de imperatividade os direitos trabalhistas configura medida inconciliável com as determinações constitucionais de progresso e não retrocesso social. A flexibilização trabalhista somente é possível *in mellius*, ou seja, quando direcionada à criação de novos direitos para os trabalhadores. Como exemplo, cite-se a proposta de emenda constitucional que estabelece a equiparação dos direitos dos empregados domésticos aos direitos dos demais empregados[22].

---

(22) Trata-se da Proposta de Emenda Constitucional n. 478/2010, de autoria do Deputado Carlos Bezerra, que se encontra em tramitação em Comissão Especial da Câmara de Deputados. Segundo consta da justificação

A defesa do Direito do Trabalho a partir do princípio da vedação ao retrocesso social é importante mecanismo para a efetividade constitucional, especialmente no que respeita à inclusão social. Afinal, consoante ensina Delgado (2007, p. 142), dentro dos marcos do sistema capitalista, esse ramo especializado traduz-se no "mais generalizante e consistente instrumento assecuratório de efetiva cidadania, no plano socioeconômico, e de efetiva dignidade, no plano individual".

Diante da autonomia dos direitos fundamentais e de seu caráter contramajoritário, o discurso de precarização do Direito do Trabalho fraqueja. Vale dizer, ainda que veiculado por maiorias ideológicas e econômicas, tal estandarte soçobra quando cotejado com o projeto constitucional brasileiro, compreendido este em seu viés dirigente.

4.4. ENFRENTAMENTO TÓPICO DE GRANDES DESAFIOS TRABALHISTAS NO BRASIL

O Estado Democrático de Direito traz consigo a ideia de que a Constituição é o *locus* privilegiado da interpretação, sempre direcionada para a realização do pacto social. Nesse contexto, a Constituição de 1988, considerada em seu horizonte histórico (ruptura com uma tradição antidemocrática), nasce como instrumento compromissário em que são traduzidas as aspirações da sociedade (CONTO, 2008, p. 66-69).

Conto (2008, p. 67) afirma que, já em seu preâmbulo, o texto constitucional põe em evidência a carga histórica nele presente, ao estabelecer a superação das amarras de um regime ditatorial e a promessa de instituição de um Estado Democrático, prioritariamente concentrado em assegurar a realização dos direitos fundamentais e da justiça social.

A nova ordem constitucional trouxe para a realidade brasileira um projeto de transformação social vanguardista, no qual o trabalho cumpre papel fundamental. Sua valorização social não pode mais ser entendida como um ideal, dada sua normatividade, decorrente de seu caráter principiológico.

Com arrimo nesse referencial hermenêutico, diversas questões trabalhistas poderiam ser revisitadas. Dentre elas, elegeram-se o direito de greve dos servidores públicos civis, a terceirização de serviços e a dispensa imotivada como pontos para análise.

---

da proposta, "o sistema hoje em vigor, que permite a existência de trabalhadores de segunda categoria, é uma verdadeira nódoa na Constituição democrática de 1988 e deve ser extinto, pois não há justificativa ética para que possamos conviver por mais tempo com essa iniquidade. A limitação dos direitos dos empregados domésticos, permitida pelo já citado parágrafo único do art. 7º, é uma excrescência e deve ser extirpada". Disponível em: <http://www.camara.gov.br/proposicoesWeb/fichadetramitacao?idProposicao=473496>. Acesso em: 26 jun. 2012.

Todos esses temas refletem grandes dilemas do mundo do trabalho atual, os quais não refogem ao objeto do Direito do Trabalho. Numa visão pós-positivista do Direito, todas as questões jurídicas devem ser permanentemente revisitadas mediante uma filtragem constitucional, necessariamente empreendida a partir do horizonte histórico do Estado Democrático de Direito.

A empreitada desse item derradeiro consiste, portanto, em investigar a adequação entre a prática trabalhista atinente aos institutos eleitos e a Constituição Federal, na acepção que se lhe deve outorgar na perspectiva pós-positivista. O corte metodológico realizado para a escolha dos temas deveu-se à sua recorrência prática e doutrinária, com pretensão exemplificativa.

4.4.1. Direito de greve dos servidores públicos civis

O direito de greve dos servidores públicos foi assegurado pela Constituição de 1988 desde sua redação original. Segundo informa Romita (2009, p. 370), essa foi uma inovação importante em relação à ordem constitucional anterior, que vedava a greve de servidores públicos[23].

Encerrou-se, assim, a discussão acerca da possibilidade de realização de greve no serviço público. A Constituição reconheceu a greve como direito social fundamental e contemplou todos os trabalhadores, ressalvados os servidores públicos militares, com a prerrogativa de exercê-lo (YAMAGUTI; BARBUGIANI, 2012, p. 436). Trata-se de inegável direito fundamental de natureza coletiva, que cada indivíduo pode e deve exercer, integrando-se ao grupo (VIANA, 2008a, p. 122).

Silva (2008, p. 121) ensina que era natural que o trabalhador público também pudesse servir-se da greve para sua luta, como direito fundamental instrumental que é. O fato de prestar serviço para o Estado não altera substancialmente a condição do trabalhador público. "Como pessoa que não detém os meios de produção", ele vende sua força de trabalho para o Estado, como venderia para o particular, pois é dela que retira seu sustento (SILVA, 2008, p. 121).

O texto constitucional promulgado dispunha, em seu art. 37, VII, que o direito de greve dos servidores públicos seria exercido "nos termos e nos limites definidos em lei complementar". Todavia, após o advento da Emenda Constitucional n. 19, de 1998, o preceito passou a prescrever que "o direito de greve será exercido nos termos e nos limites definidos em lei específica".

Se, à primeira vista, a reforma do dispositivo parecia alvissareira, na prática, inexistiu avanço. As greves no serviço público continuaram acontecendo, ao tempo em que não era editada a legislação sobre a matéria (BRITO FILHO, 2009, p. 267).

---

(23) O art. 157, § 7º, da Constituição Federal de 1967 assim enunciava: "Não será permitida greve nos serviços públicos e atividades essenciais, definidas em lei".

Lei complementar ou lei específica, nenhuma delas foi editada para disciplinar a questão.

Em razão da inércia do Poder Legislativo, instaurou-se o debate doutrinário e jurisprudencial a respeito da eficácia do preceito constitucional estabelecido no art. 37, inciso VII. Estava instalada a disputa pelo adequado enquadramento das potencialidades da norma nas classificações doutrinárias preexistentes.

Nascimento (2008, p. 583) expõe que o exercício do direito de greve dos servidores públicos só se inicia a partir da lei que definir os termos e limites para seu exercício, uma vez que a "conflitividade" no setor público evidencia-se mais intensa que no setor privado. Essa também foi a posição primeira esposada por Brito Filho (2009, p. 267).

No curso do debate, porém, Brito Filho (2009, p. 267) converteu-se, face à inescusável inoperância do Poder Legislativo:

> É que, agora, vinte anos depois de promulgada a Constituição da República, parece claro que esperar pela regulamentação da disposição para somente então poder haver greve dos servidores públicos civis não é o entendimento compatível com o modelo que o texto constitucional elegeu para o exercício dos direitos fundamentais dos trabalhadores, entre eles os do setor público.

No campo jurisprudencial, o Supremo Tribunal Federal, ainda na vigência da redação original do art. 37, VII, pronunciou-se pela sua eficácia limitada no bojo do Mandado de Injunção n. 20/DF, relatado pelo Ministro Celso de Mello, cujo acórdão restou assim ementado:

> EMENTA: MANDADO DE INJUNÇÃO COLETIVO — DIREITO DE GREVE DO SERVIDOR PÚBLICO CIVIL — EVOLUÇÃO DESSE DIREITO NO CONSTITUCIONALISMO BRASILEIRO — MODELOS NORMATIVOS NO DIREITO COMPARADO — PRERROGATIVA JURÍDICA ASSEGURADA PELA CONSTITUIÇÃO (ART. 37, VII) — IMPOSSIBILIDADE DE SEU EXERCÍCIO ANTES DA EDIÇÃO DE LEI COMPLEMENTAR — OMISSÃO LEGISLATIVA — HIPÓTESE DE SUA CONFIGURAÇÃO — RECONHECIMENTO DO ESTADO DE MORA DO CONGRESSO NACIONAL — IMPETRAÇÃO POR ENTIDADE DE CLASSE — ADMISSIBILIDADE — *WRIT* CONCEDIDO. DIREITO DE GREVE NO SERVIÇO PÚBLICO: O preceito constitucional que reconheceu o direito de greve ao servidor público civil constitui norma de eficácia meramente limitada, desprovida, em consequência, de autoaplicabilidade, razão pela qual, para atuar plenamente, depende da edição da lei complementar exigida pelo próprio texto da Constituição. A mera outorga constitucional do direito de greve ao servidor público civil não basta — ante a ausência de autoaplicabilidade da norma constante do art. 37, VII, da Constituição — para justificar o seu imediato exercício. O exercício do direito público subjetivo de greve outorgado aos servidores civis só se revelará possível depois da edição da lei complementar reclamada pela Carta Política. A lei complementar referida — que vai definir os termos e os limites do exercício do direito de greve no serviço público — constitui requisito de aplicabilidade e de operatividade da norma inscrita no art. 37, VII,

do texto constitucional. Essa situação de lacuna técnica, precisamente por inviabilizar o exercício do direito de greve, justifica a utilização e o deferimento do mandado de injunção. A inércia estatal configura-se, objetivamente, quando o excessivo e irrazoável retardamento na efetivação da prestação legislativa — não obstante a ausência, na Constituição, de prazo pré-fixado para a edição da necessária norma regulamentadora — vem a comprometer e a nulificar a situação subjetiva de vantagem criada pelo texto constitucional em favor dos seus beneficiários. [...][24].

Tal entendimento não foi alterado com a edição da Emenda Constitucional n. 19/1998. O Supremo Tribunal Federal permaneceu atado à ideia de que o exercício do direito de greve por servidores públicos exigia prévia integralização da norma contida no art. 37, VII, da Constituição[25]. Sem a *interpositio legislatoris*, tal prerrogativa careceria de aplicabilidade.

Ressalte-se que, até o julgamento do MI n. 708/DF, o Supremo Tribunal Federal limitava-se a reconhecer a mora legislativa e a comunicar o órgão competente acerca da necessidade de edição da norma regulamentadora. Não se propiciava, no dispositivo da ação mandamental, a concretização do direito obstado pela ausência de lei. O instituto do mandado de injunção, nessa visão, reduzia-se a instrumento judicial burocrático, de irrisória efetividade.

Ao longo da história constitucional inaugurada em 1988, as greves no serviço público não deixaram de acontecer em virtude das posições restritivas adotadas pelo Supremo Tribunal Federal. A eclosão de movimentos paredistas perpetuou-se e disseminou-se no território nacional, o que culminou por estimular uma mudança de entendimento jurisprudencial acerca dos efeitos da decisão proferida em sede de mandado de injunção (YAMAGUTI; BARBUGIANI, 2012, p. 440).

Sobreveio, então, o emblemático julgamento do Mandado de Injunção n. 708/DF, cujo acórdão foi assim ementado:

> EMENTA: MANDADO DE INJUNÇÃO. GARANTIA FUNDAMENTAL (CF, ART. 5º, INCISO LXXI). DIREITO DE GREVE DOS SERVIDORES PÚBLICOS CIVIS (CF, ART. 37, INCISO VII). EVOLUÇÃO DO TEMA NA JURISPRUDÊNCIA DO SUPREMO TRIBUNAL FEDERAL (STF). DEFINIÇÃO DOS PARÂMETROS DE COMPETÊNCIA CONSTITUCIONAL PARA APRECIAÇÃO NO ÂMBITO DA JUSTIÇA FEDERAL E DA JUSTIÇA ESTADUAL ATÉ A EDIÇÃO DA LEGISLAÇÃO ESPECÍFICA PERTINENTE, NOS TERMOS DO ART. 37, VII, DA CF. EM OBSERVÂNCIA AOS DITAMES DA SEGURANÇA JURÍDICA E À EVOLUÇÃO JURISPRUDENCIAL NA INTERPRETAÇÃO DA OMISSÃO LEGISLATIVA SOBRE O DIREITO DE GREVE DOS SERVIDORES PÚBLICOS CIVIS, FIXAÇÃO DO PRAZO DE 60 (SESSENTA) DIAS PARA QUE O CONGRESSO NACIONAL LEGISLE SOBRE A MATÉRIA. MANDADO DE INJUNÇÃO DEFERIDO PARA DETERMINAR A APLICAÇÃO DAS LEIS NS. 7.701/1988 E 7.783/1989[...][26].

---

(24) Publicado no DJ de 22.11.1996.
(25) Nesse sentido, conferir os acórdãos do MI 485/MT, de relatoria do Ministro Maurício Corrêa, publicado no DJ de 23.08.2002, e do MI 585/TO, de relatoria do Ministro Ilmar Galvão, publicado no DJ de 2.8.2002.
(26) Publicado no DJ de 31.10.2008.

Adotando a vertente concretista geral a respeito da sentença proferida em mandado de injunção, o Supremo Tribunal Federal viabilizou o exercício do direito de greve por meio da aplicação modulada da Lei n. 7.783/1989. Assim, em que pese ter ratificado a posição de que o art. 37, VII, da Constituição é norma de eficácia limitada, promoveu a materialização do direito fundamental que se afigurava cerceado pela abstenção legislativa.

Toda essa altercação, noutro giro, poderia ter sido evitada, caso o preceito fosse interpretado de modo constitucionalmente adequado. Com efeito, o direito de greve dos servidores públicos reveste-se de caráter jusfundamental, pelo que adquire eficácia plena e aplicabilidade imediata. Essa qualidade própria dos direitos fundamentais exige que sejam eles sempre compreendidos em sua potencialidade máxima.

A subsunção das normas constitucionais ao conceito de "norma de eficácia limitada" culmina por afastar-lhes completamente do mundo prático e, consequentemente, dos eventuais significados que lhe podem ser atribuídos a partir do processo hermenêutico. Daí a necessidade, já aventada neste trabalho, de se proceder a uma crítica dos métodos classificatórios tradicionais, responsáveis por subtrair a faticidade da atividade interpretativa.

Na quadra do Estado Democrático de Direito, e especialmente, dentro da normatividade qualificada concedida pela ordem constitucional vigente aos direitos fundamentais, o direito de greve dos servidores públicos deve ser entendido como prerrogativa apta a ser exercida de imediato, em atenção ao art. 5º, § 1º do texto constitucional. O estigma da eficácia limitada não se coaduna com a importância do direito de greve para o alcance dos objetivos delineados na Constituição.

Conforme adverte Sarlet (2007, p. 286), inexistem obstáculos para o deferimento de aplicação imediata e eficácia plena ao art. 37, VII, da Constituição Federal, posto que o exercício do direito de greve não pressupõe o dispêndio de recursos públicos ou a adoção de programas sociais ou econômicos.

Ademais, essa conclusão decorre da aplicação do princípio da isonomia em relação aos demais trabalhadores. A Lei n. 7.783/1989 não proíbe a greve em serviços essenciais para a sociedade, entre os quais pode ser situada parte dos serviços públicos. Corroborando tal assertiva, Silva (2008, p. 122) apresenta ilustração pertinente, ao dizer que "é difícil saber qual é mais lesiva para a sociedade: uma greve da polícia ou de um hospital, de um banco ou de uma fábrica que empregue mil trabalhadores".

O exemplo é elucidativo para demonstrar que não há desigualdade prévia e acabada entre as realidades dos trabalhadores empregados e os servidores públicos que justifique a permissibilidade da greve para aqueles e a proibição para estes tão somente em razão da iniquidade parlamentar.

Os servidores públicos também se encontram, iterativamente, em situação socioeconômica desfavorável. Se lhes for surrupiado seu principal instrumento de luta, restará tolhida a possibilidade de resistência coletiva contra o arrocho salarial, contra as demissões arbitrárias e contra o clientelismo arraigado na Administração Pública.

Por isso, afirma-se que o condicionamento textual a respeito do gozo do direito de greve "nos termos e nos limites definidos em lei específica" não tem o condão de subtrair o direito de greve dos servidores públicos do campo da licitude. Refere-se, apenas, à eventual superveniência de norma regulamentadora acerca da matéria.

Nesse sentido, convém reescrever o escólio de Romita (2009, p. 372):

> As limitações ao exercício do direito de greve — estas, sim, dependem da promulgação da lei específica. A regulamentação que limitar a eficácia e a aplicação do preceito constitucional será expedida por lei específica, que definirá os limites opostos ao exercício do direito de greve. Enquanto esta lei não for promulgada, deve ser admitida a aplicação, por analogia, das disposições pertinentes da Lei n. 7.783, principalmente no que diz respeito à continuidade das necessidades inadiáveis da comunidade.

Essa tese não decorre da omissão legislativa na regulamentação do tema. Tampouco se relaciona com a alteração do texto constitucional empreendida pela Emenda Constitucional n. 19/1998. Decorre, na verdade, do modelo constitucional de Estado vigente, comprometido com a redução da desigualdade social e com a dignidade humana, no qual a efetividade dos direitos fundamentais é imperativa.

Na contramão desse projeto emergem as concepções reducionistas do direito de greve. Contribuem estas para a falibilidade do projeto constitucional, porquanto desarmam os trabalhadores de seu engenho de luta mais impetuoso. Afinal, a greve é instrumento de transformação social. Nas palavras de Viana (2008a, p. 120), embora sirva de "arma contra a violência da lei, ela se presta, especialmente para fabricar a lei, em um contexto em que a lei não se ajusta ao direito ou à justiça".

Exemplo nítido dessa postura reacionária pode ser extraído do julgamento, pelo Superior Tribunal de Justiça, do Agravo Regimental na Petição n. 7.933/DF[27]. O agravo regimental foi interposto contra decisão liminar proferida nos

---

(27) PROCESSUAL CIVIL E ADMINISTRATIVO. AGRAVOS REGIMENTAIS. AÇÃO ORDINÁRIA DECLARATÓRIA COMBINADA COM AÇÃO DE PRECEITO COMINATÓRIO DE OBRIGAÇÃO DE FAZER E DE NÃO FAZER. TUTELA ANTECIPADA. GREVE DOS SERVIDORES DO PODER JUDICIÁRIO FEDERAL EM EXERCÍCIO NA JUSTIÇA ELEITORAL. *FUMUS BONI IURIS* E *PERICULUM IN MORA* EVIDENCIADOS. 1. Os agravos regimentais foram interpostos contra decisão liminar proferida nos autos de ação ordinária declaratória de ilegalidade de greve, cumulada com ação de preceito cominatório de obrigação de fazer e de não fazer, e com pedido de liminar ajuizada pela União contra a Federação Nacional dos Sindicatos de Trabalhadores do Judiciário Federal e Ministério Público da União — FENAJUFE e Sindicato dos Servidores do Poder Judiciário do Ministério Público da União — SINDJUS/DF, para que seja suspensa a greve dos servidores do Poder Judiciário Federal em exercício na Justiça Eleitoral em todo o território nacional. 2. Ainda em juízo de cognição sumária, é razoável a manutenção do percentual de no mínimo 80% dos servidores durante

autos de ação ordinária declaratória de ilegalidade de greve, cumulada com ação de preceito cominatório de obrigação de fazer e de não fazer, ajuizada pela União contra a Federação Nacional dos Sindicatos de Trabalhadores do Judiciário Federal e Ministério Público da União — FENAJUFE e Sindicato dos Servidores do Poder Judiciário do Ministério Público da União — SINDJUS/DF. A Advocacia-Geral da União pugnou por que fosse suspensa a greve dos servidores do Poder Judiciário da União em exercício na Justiça Eleitoral em todo o território nacional.

A decisão liminar proferida pelo Superior Tribunal de Justiça determinou que 80% dos servidores da Justiça Eleitoral deveriam permanecer trabalhando, sob pena de multa diária de R$ 100.000,00 (cem mil reais). Após o julgamento do agravo regimental, manteve-se a ordem liminar.

Diante da referida decisão, o movimento paredista perdeu força e pereceu, conforme noticiou a Federação Nacional dos Sindicatos de Trabalhadores do Judiciário Federal e Ministério Público da União[28]. As razões são óbvias: sendo a greve um instrumento de pressão coletiva, a limitação quantitativa imposta pelo Judiciário aos servidores da Justiça Eleitoral inviabilizou sua continuidade.

Ao se analisar o excerto destacado, não se ignora a procedência do argumento invocado pelo Superior Tribunal de Justiça, segundo o qual o direito de greve, no âmbito da Administração Pública, "deve sofrer limitações, quando confrontado com

---

o movimento paredista, sob a pena de multa de cem mil reais por dia, principalmente por tratar-se de ano eleitoral. Nesse aspecto, o eminente Ministro Gilmar Mendes, ao proferir seu voto nos autos da Rcl 6.568/SP, ressalvou que "a análise de cada caso, a partir das particularidades do serviço prestado, deve realizar-se de modo cauteloso com vista a preservar ao máximo a atividade pública, sem, porém, afirmar, intuitivamente, que o movimento grevista é necessariamente ilegal" (DJe de 25.9.09; fl. 786 — sem destaques no original). 3. O direito de greve no âmbito da Administração Pública deve sofrer limitações, na medida em que deve ser confrontado com os princípios da supremacia do interesse público e da continuidade dos serviços públicos para que as necessidades da coletividade sejam efetivamente garantidas. Complementando o raciocínio, pertinente citar excerto dos debates ocorridos por ocasião do julgamento do MI n. 670/ES, na qual o eminente Ministro Eros Grau, reportando-se a seu voto proferido no MI 712/PA, consignou que na relação estatutária "não se fala em serviço essencial; todo serviço público é atividade que não pode ser interrompida" (excerto extraído dos debates, fl. 145 — sem destaques no original). 4. O processo eleitoral é um dos momentos mais expressivos da democracia, já que é o meio pelo qual o eleitorado escolhe seus representantes. Como é cediço, a Justiça Eleitoral objetiva resguardar o valor maior da ordem republicana democrática representativa que é o exercício da cidadania, concretizada na oportunidade de votar e ser votado. Além disso, é notório que essa Justiça especializada não busca dirimir conflitos de interesses privados sobre direitos disponíveis, mas compor litígios entre direito do cidadão e o interesse público, notadamente o zelo pela democracia representativa. 5. A paralisação das atividades dos servidores da Justiça Eleitoral deflagrada em âmbito nacional, sem o contingenciamento do mínimo de pessoal necessário à realização das atividades essenciais, agravada pela ausência de prévia notificação da Administração e tentativa de acordo entre as partes, nos termos do que preceitua a Lei n. 7.783/89, atenta contra o Estado Democrático de Direito, uma vez que impede o exercício pleno dos direitos políticos dos cidadãos e ofende, expressamente, a ordem pública e os princípios da legalidade, da continuidade dos serviços públicos e da supremacia do interesse público sobre o privado. 6. Agravos regimentais do Sindicato dos Trabalhadores do Poder Judiciário e do Ministério Público da União no Distrito Federal — Sindjus/DF e da Federação Nacional dos Trabalhadores do Judiciário Federal e Ministério Público da União — Fenajufe não providos. Primeira Seção: Processo STJ n. 2010/0087027-1. Relator Ministro Castro Meira. Publicado no DJ de 16.8.2010.

(28) Agência Fenajufe de Notícias. Disponível em: <http://www.fenajufe.org.br>. Acesso em: 2 jul. 2012.

os princípios da supremacia do interesse público e da continuidade dos serviços públicos". Ademais, reconhece-se que o processo eleitoral é, de fato, um dos "momentos mais expressivos da democracia", já que é o meio pelo qual o eleitorado escolhe seus representantes.

Contudo, o posicionamento adotado é discricionário porque não estuda o direito de greve a partir de sua fundamentalidade, mas somente sob o viés administrativo. Nesse ponto reside o problema da decisão em tela, que, em termos práticos, torna iníquo o direito de greve para os servidores da Justiça Eleitoral, pelo fato de exercerem funções relacionadas a um "momento expressivo da democracia".

A harmonização entre o exercício do direito de greve e a essencialidade que marca os serviços públicos não pode ser obtida com a sucumbência total daquele em favor desta. A topografia constitucional do direito de greve dos servidores públicos civis dentro do Capítulo VII do Título III, que versa sobre a Administração Pública, não significa que seu exercício condiciona-se de forma absoluta ao interesse do Estado.

No caso em exame, percebe-se que, embora sejam retoricamente inabaláveis os argumentos esposados pelo Superior Tribunal de Justiça no precedente transcrito, consubstanciam ilações genéricas que não alcançam a faticidade do caso em exame. Afinal, o processo eleitoral sempre será elemento central na realização da democracia. Eventual perpetuação desse entendimento culminaria na legitimação da vedação ao exercício do direito de greve dos servidores públicos civis da Justiça Eleitoral.

Assim, não há motivo para considerar todo e qualquer serviço público como essencial para efeito do exercício do direito de greve. "Há os que são e há os que não são. Tudo dependerá do caso concreto" (SILVA, 2008, p. 123). É assim que a essencialidade de um determinado serviço público não poderá ser aferida em tese, sob pena de discricionariedade interpretativa.

De nada adianta autorizar uma "greve" de 20% da categoria, como determinou o Superior Tribunal de Justiça no julgado em análise. Medidas desse cariz revelam uma interpretação deficitária da efetividade dos direitos fundamentais sociais, bem como a incompreensão da função transformadora cumprida pelo direito de greve na ordem jurídico-social.

A greve é instrumento indispensável para a conquista da justiça social. "A força do número não a torna eficaz, mas possível" (VIANA, 2008, p. 116). Não se pode perder de vista que a greve somente faz sentido (e é sentida) quando opera como instrumento de pressão. Da greve sempre resultará algum tipo de prejuízo, a ser suportado pelo tomador dos serviços e ou pela sociedade.

Assim, se todo e qualquer abalo ao serviço público for entendido pelos tribunais como óbice ao exercício do direito de greve pelos trabalhadores desse setor, inoperante restará o direito inscrito no art. 37, VII, da Constituição Federal.

4.4.2. Terceirização de serviços

A sociedade contemporânea presenciou vultosas transformações no mundo do trabalho. O neoliberalismo e a reestruturação produtiva da era da acumulação flexível acarretaram, entre diversos aspectos nefastos, "um monumental desemprego, uma enorme precarização do trabalho e uma degradação crescente na relação metabólica entre homem e natureza" (ANTUNES, 2007, p. 38).

Por meio "do avanço tecnológico, da constituição das formas de acumulação flexível e dos modelos alternativos ao binômio taylorismo/fordismo", articulou-se a ruptura com a tradicional organização empresarial, agora submetida a uma reengenharia (ANTUNES, 2007, p. 43).

A empresa, antes verticalizada, externalizou parte de sua produção a outras, autônomas, com vista a obter a especialização e a competitividade. As atividades do processo produtivo foram fragmentadas, "lançadas no mercado de serviços, e novamente cooptadas sob o melhor custo-benefício" (AMORIM, 2009, p. 31-32).

Segundo Amorim (2009, p. 32), o mote da competitividade impulsionou a prática empresarial a promover políticas de redução dos custos da produção. Tais medidas repercutiram também na seara da proteção deferida aos trabalhadores, em especial aos terceirizados, normalmente submetidos a condições inferiores de trabalho. O novo modelo organizacional, lastreado no discurso da concorrência econômica global, desvinculou o trabalhador terceirizado da empresa beneficiária final de seu trabalho, impedindo a formação da consciência coletiva reivindicatória (AMORIM, 2009, p. 44).

Essa forma flexibilizada de acumulação capitalista, além de propiciar o enxugamento da empresa, viabiliza o corte de gastos com pessoal e com infraestrutura e, ainda, a ruptura da organização coletiva obreira. Ao desagregar as atividades e os próprios trabalhadores, a empresa inibe a reavivação do germe histórico das conquistas trabalhistas, qual seja, a formação da consciência de classe. Consectários outros desse processo são a criação de empregos precários e transitórios, a redução salarial, a sensível piora nas condições de saúde e segurança no trabalho e a crescente rotatividade de mão de obra (AMORIM, 2009, p. 43-45).

Estabelecida a necessária introdução ao tema, cumpre consignar que, na prática empresarial, é possível vislumbrar dois tipos bem definidos de terceirização, quais sejam, a terceirização de serviços e a terceirização de atividades. Enquanto esta se efetiva para fora da empresa, aquela se realiza dentro da empresa. (DELGADO, 2003, p. 119).

A terceirização "para fora da empresa" consiste na descentralização de atividades, caracterizada pela horizontalização do processo produtivo (DELGADO, 2003, p. 119-120). Por meio desse mecanismo, a empresa deixa de controlar toda a cadeia de produção para transferir a empresas parceiras as etapas desse processo.

A terceirização de serviços é "o fenômeno pelo qual se dissocia a relação econômica de trabalho da relação justrabalhista que lhe seria correspondente". Tal acepção é simbólica por representar o choque estrutural causado pelo instituto com os alicerces teóricos e normativos que sustentam o Direito do Trabalho (DELGADO, 2011, p. 426-427).

Quanto à primeira, o Direito do Trabalho preceitua, como instrumento para seu controle, a formação de grupos econômicos, nos termos do art. 2º, § 2º da Consolidação das Leis do Trabalho. Dessa forma, uma vez configurada a interdependência entre a empresa tomadora de serviços e a prestadora, caracteriza-se o grupo econômico, sendo seus membros solidariamente responsáveis pelo adimplemento de parcelas justrabalhistas, como ensina Souto Maior (2000, p. 321).

Lado outro, a terceirização de serviços refere-se ao fornecimento de mão de obra por empresa interposta, para a consecução de serviços no âmbito da empresa tomadora. Vale dizer, os serviços são prestados dentro da própria empresa tomadora, em que pese ser o trabalhador terceirizado vinculado à empresa prestadora de serviços (DELGADO, 2003, p. 120). Sua "regulamentação" está disciplinada pela Súmula n. 331 do Tribunal Superior do Trabalho.

Propõe-se, neste estudo, uma revisitação das hipóteses de terceirização de serviços entendidas como lícitas pelo Tribunal Superior do Trabalho, em atenção aos termos da aludida súmula. Será empreendida uma análise constitucional do fenômeno e de suas hipóteses de ocorrência na prática justrabalhista.

Para a execução dessa tarefa, importa relembrar que a Constituição não permite tergiversações a respeito do cumprimento de seus mandamentos, que não podem ser compreendidos como meros programas. A Constituição é norma jurídica, e suas disposições são comandos de *dever ser*, que vinculam o comportamento do Estado, das instituições sociais e dos particulares. Essa deve ser a leitura atribuída aos princípios da dignidade da pessoa humana e da valorização social do trabalho.

Frise-se ainda, como premissa, que a melhora da condição social do trabalhador é um objetivo do Estado brasileiro, uma vez insculpido no *caput* do art. 7º da Constituição Federal. Esse preceito exterioriza, consoante já se afirmou na presente dissertação, o princípio da vedação ao retrocesso social, tão caro à temática referente aos direitos fundamentais.

Ademais, a proteção à consciência coletiva obreira encontra-se consagrada nos dispositivos contidos nos arts. 7º, XXVI, 8º e 9º, os quais asseguram os direitos ao reconhecimento da negociação coletiva, de associação sindical e de greve, respectivamente. Note-se que o exercício de tais prerrogativas pressupõe a organização coletiva dos trabalhadores.

Por corolário, a pulverização das associações de trabalhadores e a consequente desintegração de sua consciência de classe atentam contra o exercício dos direitos fundamentais trabalhistas de índole coletiva. A razão de existir dos direitos de sindicalização, greve e negociação coletiva reside na formação da consciência coletiva obreira em torno de reivindicações comuns, capitaneadas em direção à busca por melhores condições de trabalho.

A validade material da legislação infraconstitucional trabalhista, portanto, está condicionada pela filtragem hermenêutica, a ser realizada com fulcro na premissa da supremacia constitucional na ordem jurídica. Normas editadas sob o pálio de ordens constitucionais anteriores não estão imunes a esse procedimento. Aquelas que estipulam regramentos em desconformidade com a Constituição vigente carecem de legitimidade material, motivo pela qual padecem de inconstitucionalidade.

Tais pressupostos são indispensáveis para o exame do tema da terceirização de serviços. Atualmente, na seara juslaboral, nos termos da Súmula n. 331 do Tribunal Superior do Trabalho, vigem quatro formas de terceirização de serviços. Cumpre frisar, neste ensejo, que o sobredito precedente foi editado em 1993, já sob o pálio da Constituição de 1988. Transcreve-se-o, para que se possa empreender um exame acurado da matéria:

> Súmula n. 331 do TST — CONTRATO DE PRESTAÇÃO DE SERVIÇOS. LEGALIDADE (nova redação do item IV e inseridos os itens V e VI à redação) — Res. 174/2011, DEJT divulgado em 27, 30 e 31.5.2011
>
> I — A contratação de trabalhadores por empresa interposta é ilegal, formando-se o vínculo diretamente com o tomador dos serviços, salvo no caso de trabalho temporário (Lei n. 6.019, de 3.1.1974).
>
> II — A contratação irregular de trabalhador, mediante empresa interposta, não gera vínculo de emprego com os órgãos da Administração Pública direta, indireta ou fundacional (art. 37, II, da CF/1988).
>
> III — Não forma vínculo de emprego com o tomador a contratação de serviços de vigilância (Lei n. 7.102, de 20.6.1983) e de conservação e limpeza, bem como a de serviços especializados ligados à atividade-meio do tomador, desde que inexistente a pessoalidade e a subordinação direta.
>
> IV — O inadimplemento das obrigações trabalhistas, por parte do empregador, implica a responsabilidade subsidiária do tomador dos serviços quanto àquelas obrigações, desde que haja participado da relação processual e conste também do título executivo judicial.
>
> V — Os entes integrantes da Administração Pública direta e indireta respondem subsidiariamente, nas mesmas condições do item IV, caso evidenciada a sua conduta culposa no cumprimento das obrigações da Lei n. 8.666, de 21.6.1993, especialmente na fiscalização do cumprimento das obrigações contratuais e legais da prestadora de serviço como empregadora. A aludida responsabilidade não decorre de mero inadimplemento das obrigações trabalhistas assumidas pela empresa regularmente contratada.
>
> VI — A responsabilidade subsidiária do tomador de serviços abrange todas as verbas decorrentes da condenação referentes ao período da prestação laboral.

A primeira espécie de terceirização de serviços delineada pelo verbete consubstancia-se na contratação de trabalho temporário mediante empresa interposta, disciplinada pela Lei n. 6.019/74. Esse tipo de ajuste, segundo o diploma de regência, somente pode se efetivar nas hipóteses permissivas nele estabelecidas.

O art. 2º da referida lei[29] estabelece finalidades taxativas para a contratação de empresa de trabalho temporário. Essas finalidades são, ao mesmo tempo, fundamentos hábeis a autorizar a contratação do trabalho temporário. Assim, num exame dogmático, uma vez configurada a necessidade transitória de substituição de pessoal regular e permanente ou a hipótese de acréscimo extraordinário de serviços, restará permitida a terceirização.

Ocorre que, conforme leciona Delgado (2011, p. 448), essas duas circunstâncias permissivas não apresentam diferenças substanciais em relação aos tipos legais que autorizam a contratação por prazo determinado, nos termos do art. 443 da Consolidação das Leis do Trabalho. Vale dizer, os interesses empresariais, face a situações de necessidade transitória, podem ser plenamente satisfeitos por meio dos contratos por prazo determinado.

Diante dessa constatação, fica evidenciado o intuito precarizante consubstanciado na Lei n. 6.019/74, mormente se considerando o estrito rol de direitos nela previstos em favor dos trabalhadores temporários. Buscou-se, por meio dessa medida, criar uma subcategoria de trabalhadores, dotada de menos direitos que os empregados diretos da tomadora, com o cristalino desiderato de flexibilização das regras trabalhistas.

Nem mesmo a equivalência salarial em relação aos empregados diretos assegurada no art. 12, "a", da Lei n. 6.019/74[30] basta para que se entenda legítima a terceirização nos casos nela previstos. A materialização da isonomia nas relações de trabalho transcende as questões remuneratórias. Alcança a incolumidade da consciência coletiva, com vista à melhora da condição social do trabalhador e, ainda, a possibilidade de o trabalhador exteriorizar sua personalidade por meio de suas atividades, reconhecendo-se e sendo reconhecido.

Trazendo as premissas constitucionais anteriormente examinadas para a situação em exame, depreende-se, sem muito esforço, que a Lei n. 6.019/74 se manifesta como instrumento de desregulamentação trabalhista, visto que desvaloriza o trabalho e sua tutela jurídica já adquirida e ainda por vir a ser.

Na hipótese, como a lei em xeque fora editada antes do momento adventício da Constituição de 1988, é correto asseverar que não foi ela recepcionada pela nova ordem constitucional vigente, por manifesta incompatibilidade material. O núcleo político-jurídico da Constituição obstaculiza a recepção da Lei n. 6.019/74, na medida em que a aplicação das regras nela contidas enseja a construção de situações concretas de desigualdade entre trabalhadores que exercem idênticas funções numa mesma empresa, em atentado ao postulado da isonomia.

---

(29) Art. 2º Trabalho temporário é aquele prestado por pessoa física a uma empresa, para atender à necessidade transitória de substituição de seu pessoal regular e permanente ou à acréscimo extraordinário de serviços.

(30) Art. 12. Ficam assegurados ao trabalhador temporário os seguintes direitos: a) remuneração equivalente à percebida pelos empregados de mesma categoria da empresa tomadora ou cliente calculados à base horária, garantida, em qualquer hipótese, a percepção do salário mínimo regional; [...].

Assim, se é ordem constitucional valorizar o trabalho, reduzir as desigualdades, erradicar a pobreza e dignificar o ser humano em plenitude, afigura-se eivada de inconstitucionalidade a Lei n. 6.019/74, por violar frontalmente todo o arcabouço normativo composto por esses princípios.

A segunda hipótese de terceirização de serviços enunciada pela Súmula 331 do Tribunal Superior do Trabalho encontra-se amparada pela Lei n. 7.102/83 e diz respeito aos serviços de vigilância. Também editada sob o paradigma constitucional anterior, tal legislação, na parte em que permite a subcontratação de empresas especializadas para o exercício da atividade de vigilância, mostra-se inconstitucional por desvalorizar o trabalho. Ora, se a dinâmica empresarial exige a prestação de serviços dessa natureza, incumbe à empresa tomadora de serviços prover seus quadros de pessoal sem menoscabo à consciência coletiva dos trabalhadores e sem reduzir a condição moral dos trabalhadores em razão da atividade que exerce.

Registre-se que o fato de o vigilante exercer atividade atinente à segurança não obriga que seja ele sempre contratado mediante empresa interposta. Contudo, esse não é o entendimento de Cassar (2011, p. 530), para quem "a contratação de vigilância, via de regra, é hipótese de terceirização obrigatória, para segurança da sociedade e controle pelo Estado das pessoas armadas".

Em referência a essa doutrina, cumpre mencionar que não se nega que a profissão de vigilante tangencia matéria de ordem pública, a saber, a segurança geral. Todavia, não parece adequado defender a subcontratação dos vigilantes sob o argumento de que, por meio dela, garante-se a segurança da sociedade e o controle das pessoas armadas pelo Estado.

Os arts. 16[31] e 17[32] da Lei n. 7.102/83 cumprem a finalidade de assegurar o controle estatal da atividade de vigilância. O primeiro dispositivo estabelece uma série de requisitos a serem preenchidos pelos profissionais dessa área. O segundo, por sua vez, dispõe que o exercício da vigilância requer prévio registro do trabalhador no Departamento de Polícia Federal. Veja-se, mais, que a profissionalização do vigilante é totalmente supervisionada pelo Ministério da Justiça, a teor do art. 20 da Lei n. 7.102/83.

Ao intervir no processo de formação e cadastramento do vigilante, o Estado se resguarda quanto a eventual desvirtuamento de um vigilante no exercício da

---

(31) Art. 16 — Para o exercício da profissão, o vigilante preencherá os seguintes requisitos: I — ser brasileiro; II — ter idade mínima de 21 (vinte e um) anos; III — ter instrução correspondente à quarta série do primeiro grau; IV — ter sido aprovado, em curso de formação de vigilante, realizado em estabelecimento com funcionamento autorizado nos termos desta lei. (Redação dada pela Lei n. 8.863, de 1994); V — ter sido aprovado em exame de saúde física, mental e psicotécnico; VI — não ter antecedentes criminais registrados; e VII — estar quite com as obrigações eleitorais e militares. Parágrafo único — O requisito previsto no inciso III deste artigo não se aplica aos vigilantes admitidos até a publicação da presente Lei.

(32) Art. 17 — O exercício da profissão de vigilante requer prévio registro no Departamento de Polícia Federal, que se fará após a apresentação dos documentos comprobatórios das situações enumeradas no art. 16.

profissão. Não se vislumbra como a terceirização desse serviço pode acrescentar mais segurança à sociedade.

A terceirização, na espécie examinada, não é obrigatória e tampouco lícita, na medida em que permanece a sufragar o estabelecimento de condições precarizantes aos trabalhadores terceirizados, sobre os quais deixam de incidir direitos coletivamente conquistados pelos empregados diretos em negociações coletivas com o tomador. Repete-se, aqui, a desvalorização do trabalho inerente a toda terceirização. Ainda que se preconize, em abstrato, que a terceirização não é, por si só, um fenômeno de restrição ao acesso a direitos trabalhistas, o exame prático sempre culmina em conclusão inversa.

Raciocínio idêntico recai sobre a terceira hipótese autorizada pelo sobredito precedente, qual seja, a subcontratação de serviços de conservação e limpeza. Ancorada originalmente em legislação aplicável ao serviço público (Lei n. 5.645/70[33]), a terceirização dessas atividades na iniciativa privada passou a ser admitida por meio da evolução jurisprudencial atinente à matéria, consolidada na Súmula n. 331 do Tribunal Superior do Trabalho.

Ainda que se defenda ser constitucional a terceirização nas hipóteses legalmente sedimentadas, não se poderia admitir que o Poder Judiciário ampliasse o elenco de tais permissivos. A terceirização, por ser fenômeno restritivo e paradoxal à teleologia do Direito do Trabalho, deve ser sempre compreendida também de forma restrita, não sendo dado ao Poder Judiciário trabalhista elastecer as possibilidades jurídicas de terceirização de serviços.

Como dito, a Lei n. 5.645/70 apresenta como destinatários os órgãos da Administração Pública Federal, motivo pelo qual não está autorizada a terceirização de serviços de conservação e limpeza na iniciativa privada.

A inconstitucionalidade aqui, além de respaldada em toda a principiologia constitucional exposta, ampara-se também no exercício indevido, pelo Poder Judiciário, de competência reservada ao Poder Legislativo, ao criar novas situações-tipo em que a terceirização pode ser levada a cabo.

Por fim, a maior das incongruências contidas na Súmula n. 331 é, sem dúvida, a quarta hipótese de terceirização de serviços, a saber, a terceirização de atividades-meio. A expressão, de definição nebulosa, tem se prestado somente à disseminação da terceirização na órbita empresarial, na medida em que tudo o que não é atividade fim passa a ser atividade-meio. A adoção de um conceito aberto pelo Tribunal Superior do Trabalho propicia, ao revés do que determina a Constituição, a desvalorização do trabalho e de sua principal forma de manifestação na sociedade capitalista, a saber, o emprego.

---

(33) Lei n. 5.645/1970 — Art. 3º [...]: Parágrafo único. As atividades relacionadas com transporte, conservação, custódia, operação de elevadores, limpeza e outras assemelhadas serão, de preferência, objeto de execução indireta, mediante contrato, de acordo com o art. 10, § 7º, do Decreto-lei n. 200, de 25 de fevereiro de 1967.

Ademais, aqui também se aplica, na íntegra, a crítica esposada em relação à hipótese de terceirização dos serviços de conservação e limpeza. Não existe previsão legal alguma para que o instituto seja aplicável em relação a atividades-meio na esfera privada. O amparo normativo resgatado pelo Tribunal Superior do Trabalho quando da edição da Súmula é a mesma Lei n. 5.645/70, a qual tem como destinatário exclusivo a Administração Federal, como assentado em seu texto.

Assim, o vício de inconstitucionalidade que macula o teor da parte final do item III da Súmula n. 331 do TST é ainda mais flagrante. Além de a terceirização de serviços ser precarizante, como já debatido alhures, neste caso específico, ocorreu, por meio da interpretação jurisprudencial, a criação de um conceito aberto que permite a expansão das hipóteses de terceirização. Trata-se de interpretação equivocada, porque fomentada sem a devida filtragem constitucional. Repita-se, ainda que se entenda constitucional a terceirização, sua hermenêutica deve ser sempre restritiva, posto tratar-se de instituto totalmente contrário às premissas protetivas que fundamentam a existência do Direito do Trabalho.

Acentua-se, ainda, que a Constituição Federal, em seu art. 7º, XXXII, proíbe a "distinção entre trabalho manual, técnico e intelectual ou entre os profissionais respectivos". Corresponde esse dispositivo a uma exigência de afirmação da dignidade da pessoa humana e da valorização do trabalho. Não há amparo constitucional, portanto, para que sejam criadas subcategorias de trabalho, na medida em que todo trabalho deve ser merecedor de reconhecimento pelo Estado e pela sociedade. Atividade meio ou fim, manual ou intelectual, todas são reverenciadas pela Constituição.

Em que pese ser cristalina a inconstitucionalidade de todas as modalidades de terceirização de serviços, deve-se reconhecer que o discurso doutrinário e jurisprudencial não tem adotado tal posicionamento. Essa postura conservadora deita suas raízes na resistência positivista em assimilar a real extensão conteudística do Estado Democrático de Direito. O apego a teses que representam um atraso na consolidação dos preceitos constitucionais consubstancia uma posição de operacionalidade da jurisdição brasileira decorrente de uma baixa compreensão acerca da normatividade constitucional. Essa postura tem nítido cariz neoliberal, dado que impede a concretização dos direitos sociais assegurados pela Constituição (STRECK, 2007, p. 389).

Alguns poderiam asseverar que, em si, numa análise abstrata, a terceirização não é inconstitucional. Em relação a esse argumento, cumpre asseverar que toda hermenêutica é realizada sempre em concreto, levando-se em consideração a faticidade, a historicidade e o contexto no qual o intérprete encontra-se inserido. Streck (2009b, p. 300) afirma, por conseguinte, que, na hermenêutica jurídica, "a faticidade é espaço em que se dará o sentido da norma jurídica".

Não se pode dissociar o fenômeno da terceirização da realidade sobre a qual ele incide. A terceirização de serviços, nos moldes em que o instituto se delineia hodiernamente, é precarizante. Souto Maior (2010, p. 46) observa que, "tomando-se por base a realidade e não apenas o formalismo dos textos escritos, é fácil verificar (só não vê quem não quer) que a precarização é da própria lógica da terceirização".

Sempre, no mínimo, promoverá a degradação da consciência coletiva e, consequentemente, do Direito do Trabalho. Com acerto, salienta Carelli (2003, p. 176) que a terceirização de serviços coloca, lado a lado, "trabalhadores representados por diversas entidades sindicais, das mais fortes às mais fracas, de posições ideológicas as mais diversas, e, na maior parte das vezes, com atuação individual e descoordenada".

Além disso, sempre promoverá uma violação ao princípio da isonomia, o qual não se materializa somente mediante a percepção equânime de valores patrimoniais, mas também de valores morais (juridicizados) equivalentes. O terceirizado não pode ser inserido na empresa como uma subcategoria de trabalhadores, sempre desprestigiada e, às vezes, invisível.

Quanto às eventuais propostas que têm sido aventadas para a regulamentação da terceirização, é preciso asseverar que sua constitucionalidade dependerá da superação efetiva de todas essas mazelas que o fenômeno produz no mundo do trabalho, em franco prejuízo à condição social do trabalhador.

Sendo a terceirização de serviços um fenômeno calcado no discurso ultraliberal e flexibilizatório, deve-se observar com ceticismo qualquer projeto de modelo regulatório sobre a matéria. Afinal, a adequação constitucional de projetos dessa natureza impõe que neles sejam consagradas a equivalência salarial, a integridade da consciência coletiva da classe trabalhadora e a afirmação moral do trabalhador terceirizado mediante o desempenho de suas atividades, resgatando-o de sua condição de invisibilidade. Enfim, constitucional será o regramento que implemente a isonomia em sua plenitude.

Contudo, a regulação da terceirização de serviços nesses moldes afigurar-se-ia totalmente contrária aos propósitos empresariais, além de diametralmente oposta à doutrina que a fomentou. Talvez restasse menoscabada, inclusive, sua utilidade, posto que não mais se prestaria a reduzir encargos trabalhistas[34].

Dessa constatação advém a descrença de Souto Maior (2010, p. 54), para quem "não há, concretamente, como criar um modelo jurídico que ao mesmo tempo preserve a terceirização e a eficácia dos direitos sociais". Difundida como "técnica moderna, inevitável e irreversível de produção", a terceirização apresenta como único aspecto irreversível "o rebaixamento da condição humana" (SOUTO MAIOR, 2010, p. 54).

O cotidiano dos trabalhadores terceirizados caracteriza-se, marcadamente, pela indiferença com que são tratados pelos demais empregados da tomadora de

---

(34) Neste estudo, não serão esquadrinhados os eventuais benefícios fiscais que podem ser obtidos pelas empresas mediante a terceirização. Cuidamos, portanto, somente das questões atinentes à repercussão justrabalhista do instituto.

serviços. Tal realidade, de cunho pragmático, apresenta-se como decorrência dos influxos ultraliberais sobre a estruturação do mundo do trabalho.

A disseminação de um ideário de baixa compreensão da fundamentalidade dos direitos sociais e da concepção normativa do princípio da valorização do trabalho induz a formatação de um cenário em que predomina o individualismo e a competitividade entre os próprios trabalhadores. Terceirizados e empregados diretos, assim, não se reconhecem como pares, como colegas, como trabalhadores em busca do incremento de seu patamar civilizatório.

Ao revés, predomina entre eles a instabilidade. Os terceirizados, como não poderia deixar de ser, desejam a contratação direta. Os empregados diretos, lado outro, temem pela sua ocupação, vislumbrando os primeiros como concorrentes. A lógica da competitividade, assim, antes própria das relações entre empresas, estende-se para dentro da classe obreira.

O retrato da realidade é esse, e a prática jurídica tem se quedado conivente. Mister se faz insistir na ideia de que, mesmo sendo a livre iniciativa um postulado com patamar constitucional, seu exercício está condicionado à valorização do trabalho, conforme preceitua a Constituição. A terceirização de serviços não tem sido investigada à luz dessa exigência.

4.4.3. Dispensa imotivada individual e coletiva

A análise do tema da dispensa imotivada não pode prescindir de um introito sociológico. A narrativa pertence a Souto Maior (2008, p. 15):

> O percurso do homem durante a vida é um dado de continuidade. O homem nasce, cresce e morre, e nesse meio-tempo aprende, constitui família, tem filhos, netos, almeja, planeja, sonha, projeta o futuro, busca ser uma pessoa cada vez melhor. Sendo a sociedade constituída de homens, ela, naturalmente, se organiza de modo a oferecer ao homem a possibilidade de cumprir esse percurso, para que ela própria, de forma reversa, seja uma sociedade melhor. Em um modelo capitalista em que as pessoas devem buscar a sua sobrevivência pela venda da força de trabalho, não é possível imaginar que as relações de trabalho se organizem, de forma generalizada, na perspectiva da eventualidade, do efêmero. Uma tal sociedade está fadada a desaparecer do mapa.

Em sintonia com essa realidade, a Constituição estabeleceu, em seu art. 7º, I, a proteção da relação de emprego "contra despedida arbitrária ou sem justa causa, nos termos de lei complementar, que preverá indenização compensatória, dentre outros direitos". Como prerrogativa essencial à melhora da condição social do trabalhador, trata-se de direito fundamental social.

A regulamentação aventada pelo dispositivo ainda não foi implementada pelo Poder Legislativo. Vigora, até que seja expurgada a mora legislativa, a medida paliativa incursa no art. 10, I, do Ato das Disposições Constitucionais Transitórias. Tal preceito enuncia que, até o advento da lei complementar a que se refere o art. 7º, I, da Constituição Federal, a proteção da relação de emprego contra despedida arbitrária ou sem justa causa fica limitada ao pagamento de indenização de 40% sobre os depósitos realizados a título de Fundo de Garantia por Tempo de Serviço — FGTS ao longo do contrato.

Contudo, importa registrar que a forma de proteção definida no art. 10, I, do Ato das Disposições Constitucionais Transitórias deveria consubstanciar uma medida verdadeiramente temporária. A inércia do Poder Legislativo em exercer sua típica função constitucional culminou por tornar permanente a norma que tem natureza transitória[35] (PANCOTTI, 2010, p. 533).

Outrossim, na prática, a previsão da sobredita indenização não assegura qualquer proteção contra o poder resilitório do empregador. Apenas condiciona seu exercício ao pagamento pecuniário da multa estipulada, o que, de forma nenhuma, promove a determinação constitucional de estabilização das relações de emprego.

Em face desses dispositivos, a doutrina justrabalhista costuma apresentar a dispensa imotivada como um direito potestativo[36] do empregador. Esse o entendimento de Zangrando (2008, p. 927), para quem há um direito "potestativo das partes na relação de emprego, em rescindir o contrato laboral". Na visão de Barros (2009, p. 978), "no estágio atual da nossa legislação, o trabalhador de empresa privada não é destinatário de tutela quanto à ocupação, sendo a dispensa um direito potestativo do empregador [...]". Também Nascimento (2009, p. 960) segue essa linha, afirmando que o ato patronal de dispensa tem caráter potestativo, quando nenhum óbice legal ou convencional impede sua prática.

Inverte-se, mediante a difusão desse conceito, a teleologia constitucional e justrabalhista. À revelia do texto constitucional, que estabelece o direito subjetivo

---

(35) De forma totalmente contrária ao projeto constitucional, o Supremo Tribunal Federal entende que não há mora legislativa em relação à regulamentação do art. 7º, I, da Constituição, posto que subsiste o disposto no artigo 10, I, do Ato das Disposições Constitucionais Transitórias. É o que se depreende do acórdão proferido nos autos do Mandado de Injunção n. 114/SP, relatado pelo Ministro Octávio Gallotti: MANDADO DE INJUNÇÃO, PARA SUPRIMENTO DA OMISSÃO DO CONGRESSO NACIONAL, NO ELABORAR A LEI COMPLEMENTAR PREVISTA NO ART. 7º, I, DA CONSTITUIÇÃO. MORA NÃO CONFIGURADA, PORQUANTO SUPRIDA, EMBORA PROVISORIAMENTE, PELO PRÓPRIO LEGISLADOR CONSTITUINTE, NO ART. 10 DO ATO DAS DISPOSIÇÕES CONSTITUCIONAIS TRANSITÓRIAS, NÃO SE ACHANDO, ENTÃO, INVIABILIZADO O EXERCÍCIO DO DIREITO RECLAMADO. PEDIDO DE QUE NÃO SE CONHECE. Publicado no DJ de 19.2.1993.

(36) Chaves e Rosenvald definem como potestativos os direitos que atribuem "ao titular a possibilidade de produzir efeitos jurídicos em determinadas situações mediante um ato próprio de vontade, inclusive atingindo a terceiros interessados nessa situação, que não poderão se opor". São "poderes do titular de formar situações jurídicas pela sua própria vontade", dispensado o comportamento do sujeito passivo. Cf: CHAVES, Cristiano; ROSENVALD, Nelson. Direito civil: teoria geral. Rio de Janeiro: Lumen Juris, 2007. p. 7.

do empregado de não ser dispensado imotivada ou arbitrariamente, tal doutrina tem interpretado o dispositivo de modo a consagrar um direito potestativo do empregador à dispensa. A lógica é paradoxal, pois a proteção que deveria recair sobre o empregado é deslocada para a figura do empregador, potencializando de forma desarrazoada seu poder de direção.

A possibilidade de denúncia vazia do contrato de trabalho pelo empregador é contrária aos objetivos constitucionais de redução das desigualdades sociais, de materialização da justiça social e de melhora das condições sociais do trabalhador. As normas imperativas de Direito do Trabalho, bem como a principiologia especial desse ramo jurídico, perdem sua coercibilidade diante da prerrogativa empresarial de resilir o contrato.

O medo da demissão impede a efetividade dos direitos trabalhistas. O empregado se vê obrigado a resignar-se diariamente, mesmo diante de cristalinas violações a direitos seus. Cala-se ao não gozar férias oportunamente, ao não receber salários em dia e ao laborar em jornada extraordinária sem receber o adicional correspondente. Também não pode manifestar inconformismo quando seu salário é reduzido, quando seu contrato é alterado de modo lesivo, ou quando é obrigado a reparar danos materiais por ele causados culposamente no exercício de sua atividade. Conforme acentua Viana (2008b, p. 327), "o empregado tem o direito 'indisponível', mas não o reclama, trocando-o pela permanência — ainda que precária — no emprego".

Diante dessa realidade, resta mitigado todo o Direito do Trabalho e seu arcabouço protetivo, historicamente adquirido a duras penas. Questiona-se, então, se a interpretação tradicional outorgada ao art. 7º, I, da Constituição Federal, encontra-se afinada com a tradição do Estado Democrático de Direito e com os fundamentos e objetivos da ordem constitucional.

A resposta é negativa. A hermenêutica adequada do dispositivo é aquela defendida por Silva (2009, p. 653), para quem a Constituição, na sua redação atual, veda a dispensa arbitrária ou sem justa causa. Mediante essa concepção, estabelece-se uma tríade em relação às espécies de dispensa, a saber, dispensa arbitrária (ou sem justa causa), dispensa não arbitrária e dispensa por justa causa.

Referido autor propugna que a Constituição, ao dizer que a proteção da relação de emprego é direito do trabalhador, preconiza que, no Direito do Trabalho brasileiro, encontram-se vedadas as dispensas arbitrárias ou sem causa (SILVA, 2009, p. 655).

Adotada essa vertente teórica, somente seriam admitidas no Direito pátrio as hipóteses de dispensa por justa causa e dispensa motivada. A indenização prevista no art. 10, I, do ADCT aplicar-se-ia às situações de dispensa motivada, que se distinguem daquelas tipificadas como justas causas pelo art. 482 da Consolidação das Leis do Trabalho.

Na esteira desse raciocínio é a lição de Souto Maior (2008, p. 437), para quem a cessação do contrato de trabalho, por iniciativa do empregador, que não estiver calcada em falta do empregado tipificada no art. 482 celetista, deverá, necessariamente, ser embasada em algum motivo, sob pena de ser nomeada como arbitrária. O teor do art. 10, I, do Ato das Disposições Constitucionais Transitórias refere-se, portanto, à hipótese de cessação motivada (não em falta cometida pelo empregado), que não se considere arbitrária. Nos casos de dispensa arbitrária, não há que se falar em indenização, mas sim em reintegração (SOUTO MAIOR, 2008, p. 437).

O texto consolidado também é elucidativo quanto ao conceito de dispensa arbitrária, constitucionalmente vedada. Conforme se depreende do art. 165 desse diploma legal, é arbitrária a cessação do vínculo que não se funde em motivo disciplinar, técnico, econômico ou financeiro.[37]

Motivos ligados ao comportamento do empregado e à sua capacidade poderiam, assim, ser invocados como razões justificadoras da dispensa. Além disso, considerando também o postulado de preservação da empresa, as condições econômicas ou financeiras também podem ser aventadas para dar suporte juridicamente válido para a dispensa, desde que seja impossível a perpetuação da relação de emprego, sob pena de comprometimento da atividade empresarial (SILVA, 2009, p. 653).

Esses motivos ensejadores da possibilidade de dispensa motivada sem justa causa estão relacionados na Convenção n. 158 da OIT[38], que se incorporou à ordem jurídica brasileira em 1996, mediante a promulgação do Decreto n. 1.855/96. Meses depois, porém, a convenção foi denunciada por meio de Decreto presidencial n. 2.100/96[39].

Trata-se de interpretação adequada aos auspícios do Estado Democrático de Direito, em especial à máxima efetividade que se deve atribuir aos direitos fundamentais. Definitivamente, esse princípio não é observado pelas teses que advogam a existência de um direito potestativo do empregador de dispensar o empregado imotivada ou arbitrariamente. Não é possível, a partir do preceito que cria direito para o empregado, desvirtuá-lo de modo a compreendê-lo como um direito potestativo do empregador.

---

(37) Assim preconiza o art. 165 da Consolidação das Leis do Trabalho: "Os titulares da representação dos empregados nas CIPA(s) não poderão sofrer despedida arbitrária, entendendo-se como tal a que não se fundar em motivo disciplinar, técnico, econômico ou financeiro".

(38) Segundo a dicção do art. 4º da Convenção n. 158, "não se dará término à relação de trabalho de um trabalhador a menos que exista para isso uma causa justificada relacionada com sua capacidade ou seu comportamento ou baseada nas necessidades de funcionamento da empresa, estabelecimento ou serviço".

(39) O ato normativo presidencial que denunciou a Convenção n. 158 é flagrantemente inconstitucional, vez que incumbe ao Congresso Nacional resolver definitivamente sobre os tratados internacionais. Com fundamento nesse vício de forma, a CONTAG — Confederação Nacional dos Trabalhadores da Agricultura ajuizou ação direta de inconstitucionalidade em face do Decreto n. 2.100/96, por entender que houve afronta ao disposto no art. 49, I, da Constituição Federal. A ADI, que recebeu o n. 1625 no Supremo Tribunal Federal, ainda se encontra pendente de julgamento.

Na discussão da dispensa coletiva, o mesmo raciocínio se aplica, com ainda mais razão. Diante da centralidade do trabalho na ordem jurídica brasileira, devem-se escoimar quaisquer atos que afrontem, imotivadamente, a continuidade da relação de emprego, mormente quando apresentem repercussão coletiva.

Problemático se exibe o debate a respeito da conceituação da dispensa coletiva. A definição desse instituto não pode ser extremamente rígida de modo a engessar sua adaptabilidade aos casos concretos, mas também não pode ser flexível ao extremo, de modo a refletir um conceito vago e impreciso.

Silva (2009, p. 657) define como coletiva "a dispensa que importa o desligamento de um número significante de empregados por motivos econômicos, tecnológicos, estruturais ou análogos".

Referida acepção parece bastante adequada ao instituto. A fixação de um número mínimo de cessações contratuais para que seja caracterizada a dispensa coletiva enrijeceria sobremaneira o instituto. O magistrado, no momento do exercício do controle jurisdicional sobre a matéria, deverá aferir se o caso submetido a sua análise consubstancia uma dispensa coletiva ou tão somente um conjunto de dispensas individuais, levando em conta os impactos sociais do ato patronal.

Não há, no texto constitucional, norma que limite a aplicação do art. 7º, I às hipóteses de dispensa individual. Ao contrário, o texto do *caput* do art. 7º afirma serem os preceitos arrolados sob seu comando "direitos dos trabalhadores". A Constituição, assim, já sugere que os direitos trabalhistas merecem concretude também em seu espectro coletivo. Caso assim não fosse, poderia o texto constitucional dizer, no *caput* do art. 7º, tratar-se de "direitos individuais do trabalhador" ou "direitos do trabalhador".

Independentemente dessa ilação teórica, a norma constitucional deve ser interpretada mediante os auspícios da moderna hermenêutica. A dignidade da pessoa humana, como princípio cardeal da Constituição de 1988, implementa-se não apenas mediante garantia de direitos de liberdade. Numa perspectiva mais ampla, a dignidade da pessoa humana relaciona-se à inserção social do ser humano, exteriorizada pela proteção dispensada ao trabalho.

O primado do trabalho se mostra sobejamente consagrado em vários dispositivos constitucionais. Nesse sentido, citem-se a dignidade da pessoa humana (art. 1º, III); os valores sociais do trabalho e da livre iniciativa (art. 1º, IV); a construção de uma sociedade livre, justa e solidária (art. 3º, I); a erradicação da pobreza e a marginalização e a redução das desigualdades sociais e regionais (art. 3º, III); a promoção do bem de todos, sem preconceitos de origem, raça, sexo, cor, idade e quaisquer outras formas de discriminação (art. 3º, IV) (COSTA, 2010, p. 826).

Veja-se, outrossim, que a Constituição Federal, mesmo quando se propôs a regular a ordem econômica brasileira, erigiu o trabalho à posição central, o que permite concluir estar a legitimidade das atividades econômicas condicionada ao reconhecimento de seu prestígio na sociedade brasileira.

As dispensas coletivas realizadas de forma imotivada e unilateral pelo empregador, sem prévia negociação, afiguram-se excessivamente danosas para a sociedade. Os efeitos de tais dispensas propagam-se não apenas no interior da relação de emprego, mas alcançam repercussão geral (COSTA, 2010, p. 828).

Exatamente em razão dessa característica especial, o tratamento das dispensas coletivas distingue-se da disciplina das dispensas individuais. A adjetivação da dispensa como coletiva torna imprescindível a participação do ser coletivo obreiro nos procedimentos que culminem em atos dessa natureza. Toda instituição de direito coletivo do trabalho exige a participação do sindicato representante dos trabalhadores. Assim ocorre na celebração de acordos coletivos e de convenções coletivas. Nesse sentido, apresenta-se a lição de Ebert (2010, p. 442):

> Tal assertiva se constata na medida em que a Constituição Federal de 1988, ao contrário das cartas precedentes, não só reafirmou em seu art. 7º, XXXVI, o reconhecimento das convenções e acordos coletivos de trabalho, como também estabeleceu, nos incisos VI, XIII e XIV do referido dispositivo, a obrigatoriedade quanto à instauração de negociação coletiva em pautas de interesse comum dos atores das relações de trabalho (fixação dos salários, compensação de horários, redução da jornada e turno ininterruptos de revezamento) e impôs de maneira ampla no art. 8º, III e IV, a obrigatoriedade quanto à participação do sindicato obreiro nas tratativas entabuladas com as empresas e as entidades patronais.

Por conseguinte, a dispensa coletiva deve, necessariamente, ser precedida de negociação da qual o sindicato obreiro participará indeclinavelmente. Nessa oportunidade, deverão ser expostos, pelo empregador, os eventuais motivos pelos quais a cessação contratual se faz necessária. Mais uma vez, clama-se pela incidência do direito à informação na relação de emprego, visto que "a sonegação de informações pertinentes aos processos de dispensa coletiva acaba por colocar a empresa em posição preponderante diante do sindicato obreiro" nas tratativas entabuladas com vista à minimização dos efeitos da dispensa ou à sua reversão (EBERT, 2010, p. 450).

Almeida (2009, p. 392) sustenta que essa exigência decorre, como corolário lógico, do princípio da boa-fé objetiva e de seus deveres anexos. A boa-fé permeia todas as instituições de natureza contratual e tem previsão expressa nos arts. 187 e 422 do Código Civil[40]. Entre os deveres anexos da boa-fé estaria o dever de informação, consoante o qual devem se evitar surpresas no decorrer do contrato (ALMEIDA, 2009, p. 392).

---

(40) O Código Civil assim prescreve em seu art. 187: "Também comete ato ilícito o titular de um direito que, ao exercê-lo, excede manifestamente os limites impostos pelo seu fim econômico ou social, pela boa-fé ou pelos bons costumes". No mesmo sentido é o teor do seu art. 422: "Os contratantes são obrigados a guardar, assim na conclusão do contrato, como em sua execução, os princípios de probidade e boa-fé".

A negociação coletiva prévia, assim, deve servir de ensejo para a explicitação, aos trabalhadores e a seus representantes, da causa sobre a qual se sustenta a pretensão de demissão em massa. O descumprimento desse procedimento acarreta a abusividade da dispensa, que deve ser combatida mediante a determinação judicial de reintegração dos empregados dispensados.

Essa abusividade, numa visão mais aprofundada, consiste na violação do princípio da valorização do trabalho. As ações desregradas do empregador com vista à demissão em massa podem e devem ser combatidas mediante a invocação de normas constitucionais que condicionam a resilição do contrato de trabalho. Tais modalidades de normas não mais se concebem como orientações interpretativas ou como meros programas facultativos a serem implementados conforme a discricionariedade estatal.

Calha salientar que não se pretende, aqui, empreender uma visão romântica dos direitos trabalhistas. Obviamente, desde que o empregador demonstre cabalmente a impossibilidade empresarial de manutenção dos empregos, lastreada em fundamentos tecnológicos, estruturais ou referentes à saúde econômica e financeira da empresa, é possível haver demissões (SILVA, 2009, p. 657).

Exclusivamente nessas hipóteses, admitir-se-á eventual demissão coletiva, e, ainda assim, condicionada à prévia negociação, da qual deverá necessariamente participar o sindicato obreiro, constitucionalmente legitimado para defender os interesses da classe trabalhadora. Ademais, no comenos em que efetivada a negociação, é dever do empregador revelar os reais motivos que dão substrato para o intento demissório.

Qualquer interpretação que extrapole esse limite afronta o estuário normativo constitucional, cujo valor fonte é a dignidade da pessoa humana, concretizável somente mediante o reconhecimento do primado do trabalho na sociedade contemporânea.

Ao Poder Judiciário caberá, inquestionavelmente, a tarefa de exercer o controle sobre a dispensa coletiva, dada a inafastabilidade da jurisdição, consagrada no art. 5º, XXXV (SILVA, 2009, p. 658). Embora não haja dispositivos expressamente destinados a regulamentar a matéria, os princípios constitucionais cumprem com total perfeição a tarefa de proscrever condutas abusivas por parte do empregador.

5

Considerações Finais

A filosofia pós-positivista inaugurou uma nova perspectiva para o fenômeno jurídico. Propiciou a superação do purismo positivista para capturar a categoria dos valores, introduzindo o mundo prático no Direito. Essa categoria, até então segregada da normatividade, incorporou-se ao ordenamento jurídico mediante a roupagem dos princípios, aos quais se atribuiu normatividade.

Os princípios apresentam como sede natural a Constituição, que passou a ser o centro de convergência da ordem jurídica a partir dos influxos do neoconstitucionalismo. Por representarem o pacto fundamental da sociedade, os comandos insertos no texto constitucional são dotados de força normativa.

A abertura pós-positivista aos fatos e valores promove a redefinição das questões que interessam ao Direito, agora preocupado com os grandes desafios da humanidade. Mesmo matérias antes deferidas exclusivamente à esfera política afiguram-se objeto do Direito, em razão da força normativa dos princípios.

Essa revolução copernicana que se empreendeu na segunda metade do século XX coincide com o advento do paradigma do Estado Democrático de Direito, *locus* privilegiado de consagração dos direitos fundamentais. A ideia de democracia esposada nesse modelo, todavia, transcende a noção clássica, em virtude do caráter contramajoritário dessas prerrogativas.

O Estado Democrático de Direito resgata a necessidade de proteção à dignidade da pessoa humana, o que se torna possível por meio da estipulação de direitos fundamentais. Dada a complementaridade e a interdependência entre os elementos da categoria jusfundamental, todos eles têm atávica conexão com a materialização daquele princípio cardeal.

No Brasil, o modelo constitucional adotado em 1988 encontra-se nitidamente comprometido com a realização das "promessas incumpridas da modernidade", em especial os direitos sociais. A Constituição aponta, ainda, expressamente, para o deferimento de um regime jurídico especial em favor da efetividade dos direitos fundamentais, como se depreende de seu art. 5º, § 1º.

O trabalho ocupa posição central na Constituição vigente, na medida em que sua valorização social constitui fundamento da República Federativa do Brasil. Sua proeminência acarreta a atribuição do *status* de fundamentalidade aos direitos sociais trabalhistas.

Entretanto, a prática jurídica tem adotado algumas concepções restritivas dos direitos sociais, assentadas no desprezo ao texto constitucional, o qual precisa ser levado a sério. É assim que, por vezes, denota-se uma baixa compreensão do senso comum teórico acerca da normatividade constitucional, mormente em matéria de direitos fundamentais.

Essas prerrogativas apresentam dupla dimensão (objetiva e subjetiva), em razão da qual produzem eficácia vertical e horizontal. Os direitos fundamentais, portanto, têm aplicação direta nas relações entre particulares. As relações de trabalho são campo fértil para sua incidência.

A dinâmica jurídica instaurada pelo advento da Constituição de 1988 requer a revisão do objeto do Direito do Trabalho. O papel fulcral do valor *trabalho* na sociedade brasileira exige que esse ramo especializado alargue seus horizontes para investigar todas as questões importantes que, de algum modo, pertencem ao mundo do trabalho. Descabe, nesta quadra histórica brasileira, confiar ao Direito do Trabalho, exclusivamente, a missão de "regulamentar a relação de emprego", dada sua intrínseca ligação com a realização da cidadania, da justiça social, da democracia e da dignidade da pessoa humana.

Propõe-se, assim, a edificação de um Direito do Trabalho pós-positivista, aberto à investigação dos grandes desafios do mundo do trabalho. Um novo conceito desse ramo jurídico despertará a atenção dos estudiosos para assuntos que, numa visão tradicional, refogem ao seu objeto.

Essa teoria exige que seja empreendida uma releitura do Direito do Trabalho a partir da Constituição Federal. Defende-se, nessa esteira, a ideia de um contrato constitucional de trabalho, forjado mediante a aferição da parametricidade constitucional como pressuposto de sua validade.

A invocação do princípio da proibição do retrocesso social também se faz importante para a construção de uma teoria justrabalhista constitucionalmente adequada. As normas desse ramo especializado devem destinar-se ao incremento do acervo jurídico já assegurado, e não à sua precarização. Corrobora esse mandamento o disposto no art. 7º, *caput*, da Constituição, que prescreve como objetivo da ordem jurídica a melhora da condição social do trabalhador.

Outrossim, na análise de temas como o direito de greve dos servidores públicos civis, a terceirização de serviços e a dispensa imotivada, resta evidenciado que o ideário positivista ainda se encontra arraigado na prática jurídica. Como consequência, a efetividade dos direitos fundamentais soçobra diante de classificações apriorísticas e argumentos de caráter retórico.

Saliente-se, finalmente, que este estudo não teve a pretensão de exaurir a temática proposta. Intentou-se apenas lançar as bases para a construção de um Direito do Trabalho novo, pós-positivista, atento às transformações por que passou o fenômeno jurídico nas últimas décadas.

Trata-se de exigência do Estado Democrático de Direito. O cumprimento do projeto constitucional de valorização do trabalho e de concretização da justiça social requer a compreensão da supremacia e da força normativa da Constituição.

Referências Bibliográficas

ABRANTES, José João. *Contrato de trabalho e direitos fundamentais*. Coimbra: Coimbra Editora, 2005.

ALEXY, Robert. *Teoria dos direitos fundamentais*. 5. ed. Tradução de Virgílio Afonso da Silva. São Paulo: Malheiros Editores, 2008.

ALKIMIN, Maria Aparecida. *Assédio moral na relação de trabalho*. 2. ed. Curitiba: Juruá, 2009.

ALMEIDA, Renato Rua de. Subsiste no Brasil o direito potestativo do empregador nas despedidas em massa?. *Revista LTr*: Legislação do Trabalho. São Paulo: LTr, v. 73, n. 4, p. 391-393, 2009.

ALVARENGA, Rúbia Zanotelli de. *O direito do trabalho como dimensão dos direitos humanos*. São Paulo: LTr, 2009.

AMORIM, Helder Santos. *A terceirização no serviço público*: à luz da nova hermenêutica constitucional. São Paulo: LTr, 2009.

ANDRADE, Jose Carlos Vieira de. *Os direitos fundamentais na Constituição portuguesa de 1976*. Coimbra: 1987.

ANTUNES, Ricardo. O neoliberalismo e a precarização estrutural do trabalho na fase de mundialização do capital. In: *Direitos humanos*: essência do direito do trabalho. SILVA, Alessandro et al. São Paulo: LTr, 2007. p. 38-48.

BARROS, Alice Monteiro de. A nova competência jurisdicional à luz da Emenda Constitucional n. 45, de 2004. *Revista do Tribunal Regional do Trabalho da 3ª Região*. Belo Horizonte, v. 41, n. 71, p. 69-84, jan./jun. 2005.

_____. *Curso de direito do trabalho*. 5. ed. rev. e ampl. São Paulo, LTr, 2009.

BARROSO, Luís Roberto. Fundamentos teóricos e filosóficos do novo direito constitucional brasileiro (pós-modernidade, teoria crítica e pós-positivismo). In: BARROSO, Luís Roberto (org.). *A nova interpretação constitucional*: ponderação, direitos fundamentais e relações privadas. 3. ed. revista. Rio de Janeiro: Renovar, 2008. p. 1-48.

_____. Judicialização, ativismo judicial e legitimidade democrática. *Revista de Direito do Estado*. Rio de Janeiro, n. 13, p. 71-91, jan./mar., 2009a.

_____. Neoconstitucionalismo e constitucionalização do direito: o triunfo tardio do direito constitucional no Brasil. In: BARROSO, Luís Roberto. *Temas de Direito Constitucional*. Tomo IV. Rio de Janeiro: Renovar, 2009b, p. 61-119.

_____. *O direito constitucional e a efetividade de suas normas*: limites e possibilidades da Constituição brasileira. 9. ed. Rio de Janeiro: Renovar, 2009c.

BATALHA, Wilson de Souza Campos; RODRIGUES NETTO, Sílvia Marina L. Batalha. *Filosofia jurídica e história do direito*. Rio de Janeiro: Forense, 2003.

BATTAGLIA, Felice. *Filosofia do trabalho*. Tradução de Luiz Washington Vita e Antônio D'Elia. São Paulo: Saraiva, 1958.

BOBBIO, Norberto. *O Positivismo Jurídico*: lições de filosofia do direito. Tradução de Márcio Pugliese, Edson Bini e Carlos E. Rodrigues. São Paulo: Ícone, 1995.

BONAVIDES, Paulo. *Curso de Direito Constitucional*. 19. ed. atual. São Paulo: Malheiros Editores, 2006.

BRITO FILHO, José Cláudio Monteiro de. *Direito sindical*. 3. ed. São Paulo: LTr, 2009.

CANOTILHO, José Joaquim Gomes. *Direito Constitucional*. 5. ed. Coimbra: Almedina, 1999.

CARELLI, Rodrigo de Lacerda. *Terceirização e intermediação de mão de obra*: ruptura do sistema trabalhista, precarização do trabalho e exclusão social. Rio de Janeiro: Renovar, 2003.

CASSAR, Vólia Bonfim. *Direito do trabalho*. 5. ed. Niterói: Impetus, 2011.

CAVALCANTI, Lygia Maria de Godoy Batista. *A flexibilização do direito do trabalho no Brasil*: desregulação ou regulação anética do mercado? São Paulo: LTr, 2008.

CHAVES, Cristiano; ROSENVALD, Nelson. *Direito civil*: teoria geral. Rio de Janeiro: Lumen Juris, 2007.

CICCO, Cláudio de. *História do pensamento jurídico e da filosofia do direito*. 4. ed. São Paulo: Saraiva, 2009.

CLÈVE, Clèmerson Merlin. *Para uma dogmática constitucional emancipatória*. Belo Horizonte: Fórum, 2012.

CONTO, Mário de. *O princípio da proibição do retrocesso social*: uma análise a partir dos pressupostos da hermenêutica filosófica. Porto Alegre: Livraria do Advogado, 2008.

COSTA, Marcelo Freire Sampaio. Demissões em massa e atuação do Ministério Público do Trabalho. *Revista LTr: Legislação do Trabalho*. São Paulo: LTr, v. 74, n. 07, p. 824-831, 2010.

COUTINHO, Grijalbo Fernandes. *O direito do trabalho flexibilizado por FHC e Lula*. São Paulo: LTr, 2009.

CRUZ, Álvaro Ricardo de Souza. *Hermenêutica jurídica e(m) debate*: o constitucionalismo brasileiro entre a teoria do discurso e a ontologia existencial. Belo Horizonte: Fórum, 2007.

CUNHA JÚNIOR, Dirley da. Neoconstitucionalismo e o novo paradigma do Estado Constitucional de Direito: um suporte axiológico para a efetividade dos direitos fundamentais sociais. In: CUNHA JÚNIOR, Dirley da; PAMPLONA FILHO, Rodolfo. *Temas de Teoria da Constituição e direitos fundamentais*. Salvador: Juspodium, 2007. p. 71-112.

DANTAS, Miguel Calmon. *Constitucionalismo dirigente e pós-modernidade*. São Paulo: Saraiva, 2009.

DELGADO, Gabriela Neves. *Direito fundamental ao trabalho digno*. São Paulo: LTr, 2006.

_____. *Terceirização*: paradoxo do direito do trabalho contemporâneo. São Paulo: LTr, 2003.
DELGADO, Mauricio Godinho. *Princípios de direito individual e coletivo do trabalho*. 2. ed. São Paulo: LTr, 2004.
_____. *Capitalismo, trabalho e emprego*: entre o paradigma da destruição e os caminhos de reconstrução. São Paulo: LTr, 2007.
_____. *Curso de Direito do Trabalho*. 10. ed. São Paulo: LTr, 2011.
DINIZ, Maria Helena. *As lacunas no direito*. 9. ed. rev. e aum. São Paulo: Saraiva, 2009.
_____. *Compêndio de introdução à ciência do direito*: introdução à teoria geral do direito, à filosofia do direito, à sociologia jurídica. 21. ed. rev. e atual. São Paulo: Saraiva, 2010.
DUARTE, Écio Oto Ramos; POZZOLO, Susanna. *Neoconstitucionalismo e positivismo jurídico*: as faces da teoria do direito em tempos de interpretação moral da constituição. São Paulo: Landy, 2006.
DWORKIN, Ronald. *Levando os direitos a sério*. Tradução de Nelson Boeira. 2. ed. São Paulo: Martins Fontes, 2007.
EBERT, Paulo Roberto Lemgruber. O direito à negociação coletiva e às despedidas em massa. Os deveres de participação do sindicato profissional nas tratativas prévias e de atuação da partes segundo a boa-fé. *Revista LTr: Legislação do Trabalho*. São Paulo: LTr, v. 74, n. 04, p. 435-453, 2010.
FARALLI, Carla. *A filosofia contemporânea do direito*: temas e desafios. Tradução de Candice Premaor Gullo. São Paulo: Martins Fontes, 2006.
GADAMER, Hans-Georg. *Verdade e método*. Tradução de Flávio Paulo Meurer. Petrópolis: Vozes, 1997.
GARCIA, Gustavo Felipe Barbosa. *Curso de direito do trabalho*. 3. ed. rev. atual. e ampl. São Paulo: Método, 2009.
GOMES, Dinaura Godinho Pimentel. Crise financeira e a valorização do trabalho humano. *Revista LTr*. São Paulo, v. 73, n. 02, p. 147-152, 2009.
GOMES, Orlando; GOTTSCHALK, Elson. *Curso de direito do trabalho*. Rio de Janeiro: Forense, 2008.
GUSTIN, Miracy Barbosa de Sousa; DIAS, Maria Tereza Fonseca. *(Re)pensando a pesquisa jurídica*: teoria e prática. 3. ed. rev. e atual. Belo Horizonte: Del Rey, 2010.
HÄBERLE, Peter. *Hermenêutica constitucional*: a sociedade aberta dos intérpretes da constituição: contribuição para a interpretação pluralista e procedimental da constituição. Tradução de Gilmar Ferreira Mendes. Porto Alegre: Sérgio Antônio Fabris Editor, 1997.
HESSE, Konrad. *A força normativa da Constituição*. Tradução de Gilmar Ferreira Mendes. Porto Alegre: Sérgio Antônio Fabris Editor, 1991.
HIRIGOYEN, Marie-France. *Mal-estar no trabalho*: redefinindo o assédio moral. 3. ed. Rio de Janeiro: Bertrand Brasil, 2006.
HONNETH, Alex. Trabalho e reconhecimento: tentativa de uma redefinição. *Civitas: Revista de Ciências Sociais*. Porto Alegre: EDIPUCRS, v. 8, n. 1, p. 46-67, 2008.
KANT, Immanuel. *Fundamentação da metafísica dos costumes*. Tradução de Paulo Quintela. Lisboa: Edições 70, 1986.

MANTOVANI JÚNIOR; Laert; SILVA, Leda Maria Messias da. O direito à intimidade do empregado e à possibilidade de monitoramento de e-mails por parte do empregador. *Revista LTr*: Legislação do Trabalho. São Paulo: LTr, v. 73, n. 07, p. 818-828, 2009.
MELLO, Celso Antônio Bandeira de. Eficácia das normas constitucionais e direitos sociais. São Paulo: Malheiros Editores, 2009.
_____. *Curso de Direito Administrativo*. 27. ed. São Paulo: Malheiros Editores, 2010.
MENEZES, Cláudio Armando Couce de; LOPES, Glaucia Gomes Vergara; CALVET, Otavio Amaral. Direitos fundamentais e poderes do empregador — o poder disciplinar e a presunção de inocência do trabalhador. *Revista LTr*: Legislação do Trabalho. São Paulo, LTr, v. 73, n. 08, p. 963-972, 2009.
MIRAGLIA, Lívia Mendes Moreira. *Trabalho escravo contemporâneo*: conceituação à luz do princípio da dignidade da pessoa humana. São Paulo: LTr, 2011.
MONTORO, André Franco. *Introdução à ciência do direito*. 28. ed. rev. e atual. São Paulo: Revista dos Tribunais, 2009.
MORAES, Alexandre de. *Direito Constitucional*. 26. ed. São Paulo: Editora Atlas, 2010.
MORAIS, José Bolzan de; SALDANHA, Jânia Maria Lopes; ESPÍNDOLA, Ângela Araújo da Silveira. Jurisdição constitucional e participação cidadã: por um processo formal e substancialmente vinculado aos princípios político-constitucionais. In: MACHADO, Felipe Daniel Amorim; CATTONI, Marcelo de Oliveira (coords.). *Constituição e processo*: a contribuição do processo ao constitucionalismo democrático brasileiro. Belo Horizonte: Del Rey, 2009. p. 113-141.
MÜLLER, Friedrich. Teoria e interpretação dos direitos humanos nacionais e internacionais — especialmente na ótica da teoria estruturante do direito. In: CLÈVE, Clèmerson Merlin; SARLET, Ingo Wolfgang; PAGLIARINI, Alexandre Coutinho (coords.). *Direitos humanos e democracia*. Rio de Janeiro: Forense: 2007. p. 45-52.
_____. *Teoria estruturante do Direito*. 2. ed. rev. atual. e ampl. São Paulo: Revista dos Tribunais, 2009.
NASCIMENTO, Amauri Mascaro. *Compêndio de direito sindical*. 5. ed. São Paulo: LTr, 2008.
_____. *Curso de direito do trabalho*. 24. ed. rev. atual. e ampl. São Paulo: Saraiva, 2009.
NOVAIS, Jorge Reis. Direitos como trunfos contra a maioria — sentido e alcance da vocação contramajoritária dos direitos fundamentais no Estado Democrático de Direito. In: CLÈVE, Clèmerson Merlin; SARLET, Ingo Wolfgang; PAGLIARINI, Alexandre Coutinho (coords.). *Direitos humanos e democracia*. Rio de Janeiro: Forense: 2007. p. 79-113.
OLIVEIRA, Márcio Luís de. *A condição humana, a sociedade plural e a constituição juridicamente adequada*: preservação e atualização (adaptação e ampliação) principiológicas dos direitos, garantias e deveres fundamentais. Orientador: Mônica Sette Lopes. 2011. 582 f. Tese (Doutorado em Direito) — Faculdade de Direito, Universidade Federal de Minas Gerais, Belo Horizonte, 2011.
PANCOTTI, José Antonio. Aspectos jurídicos das dispensas coletivas no Brasil. *Revista LTr*: Legislação do Trabalho. São Paulo, LTr, v. 74, n. 05, p. 529-541, 2010.
PASTORE, José. *Trabalhar custa caro*. São Paulo: LTr, 2007.

PEREIRA, Rodolfo Viana. *Hermenêutica filosófica e constitucional*. 2. ed. Belo Horizonte: Del Rey, 2007.
PESSOA, Flávia Moreira Guimarães. *Curso de direito constitucional do trabalho*: uma abordagem à luz dos direitos fundamentais. Salvador: Juspodium, 2009.
PIOVESAN, Flávia. *Direitos humanos e o direito constitucional internacional*. 8. ed. rev. ampl. e atual. São Paulo: Saraiva, 2007.
POCHMANN, Márcio. *Relações de trabalho e padrões de organização sindical no Brasil*. São Paulo: LTr, 2003.
RAMOS FILHO, Wilson; NEGRISOLI, Fabiano. Monitoramento e rastreio do e-mail do empregado pelo empregador: precarização judicial aos direitos fundamentais de privacidade e de sigilo de correspondência. In: MELO FILHO *et al.* (coords.). *O mundo do trabalho*: leituras críticas da jurisprudência do TST: em defesa do direito do trabalho. São Paulo: LTr, 2009. v. 1, p. 471-492.
RÁO, Vicente. *O direito e a vida dos direitos*. 6. ed. anotada e atualizada por Ovídio Rocha Sandoval. São Paulo: Editora Revista dos Tribunais, 2004.
REALE, Miguel. *Filosofia do Direito*. 20. ed. São Paulo: Saraiva, 2002.
REIS, Daniela Muradas. *O princípio da vedação ao retrocesso no direito do trabalho*. São Paulo: LTr, 2010.
ROMITA, Arion Sayão. *Direitos fundamentais nas relações de trabalho*. 3. ed. rev. e aumentada. São Paulo: LTr, 2009.
SARLET, Ingo Wolfgang. *A eficácia dos direitos fundamentais*. 7. ed. rev. atual. e ampl. Porto Alegre: Livraria do Advogado Editora, 2007a.
_____. Dignidade da Pessoa Humana e Direitos fundamentais na Constituição Federal de 1988. Porto Alegre: Livraria do Advogado, 2007b.
SARMENTO, Daniel. A vinculação dos particulares aos direitos fundamentais no direito comparado e no Brasil. In: BARROSO, Luís Roberto (org.). *A nova interpretação constitucional*: ponderação, direitos fundamentais e relações privadas. 3. ed. revista. Rio de Janeiro: Renovar, 2008. p. 193-284.
SILVA, Antônio Álvares da. Dispensa coletiva e seu controle pelo judiciário. *Revista LTr*: Legislação do Trabalho. São Paulo: LTr, 2009. v. 73, n. 6, p. 650-670.
SILVA, Antônio Álvares da. *Greve no serviço público depois da decisão do STF*. São Paulo: LTr, 2008.
SILVA, José Afonso da. *Aplicabilidade das normas constitucionais*. 3. ed. rev. e ampl. São Paulo: Malheiros, 1998.
_____. *Curso de Direito Constitucional positivo*. São Paulo: Malheiros Editores, 2002.
SILVA, Sayonara Grillo Coutinho Leonardo da. *Relações coletivas de trabalho*: configurações institucionais no Brasil contemporâneo. São Paulo: LTr, 2008.
SILVA, Virgílio Afonso da. *A constitucionalização do direito*: os direitos fundamentais nas relações entre particulares. São Paulo: Malheiros, 2005.
SOUTO MAIOR, Jorge Luiz. *O direito do trabalho como instrumento de justiça social*. São Paulo: LTr, 2000.
_____. *Curso de direito do trabalho*: a relação de emprego. São Paulo: LTr, 2008, v. II.

_____. A terceirização e a lógica do mal. In: SENA, Adriana Goulart de; NEVES, Gabriela Neves Delgado; NUNES, Raquel Portugal. *Dignidade humana e inclusão social*: caminhos para a efetividade do direito do trabalho no Brasil. São Paulo: LTr, 2010. p. 45-55.
SOUZA NETO, Cláudio Pereira de. Fundamentação e normatividade dos direitos fundamentais: uma reconstrução teórica à luz do princípio democrático. In: BARROSO, Luís Roberto (org.). *A nova interpretação constitucional:* ponderação, direitos fundamentais e relações privadas. 3. ed. revista. Rio de Janeiro: Renovar, 2008. p. 285-326.
STRECK, Lenio Luiz. A hermenêutica filosófica e as possibilidades de superação do positivismo pelo (neo)constitucionalismo. In: ROCHA, Leonel Severo; STRECK, Lenio Luiz (org.). *Constituição, sistemas sociais e hermenêutica*. Porto Alegre: Livraria do Advogado, 2005. p. 153-185.
_____. Reflexões hermenêuticas acerca do papel (dirigente) da Constituição do Brasil e os (velhos) obstáculos à concretização dos direitos fundamentais/sociais. In: CLÉVE, Clemerson Merlin; SARLET, Ingo Wolfgang; PAGLIARINI, Alexandre Coutinho (coords.). *Direitos Humanos e Democracia*. Rio de Janeiro: Forense, 2007. p. 385-405.
_____. *Hermenêutica jurídica e(m) crise*: uma exploração hermenêutica da construção do Direito. 8. ed. rev. atual. Porto Alegre: Livraria do Advogado Editora, 2009a.
_____. *Verdade e Consenso*. 3. ed. Rio de Janeiro: editora Lumen Juris, 2009b.
_____. *O que é isto — decido conforme minha consciência?*. Porto Alegre: Livraria do Advogado Editora, 2010.
TORRES, Ricardo Lobo. *O direito ao mínimo existencial*. Rio de Janeiro: Renovar, 2009.
VIANA, Márcio Túlio. A proteção social do trabalhador no mundo globalizado. O Direito do Trabalho no limiar do século XXI. *Revista da Faculdade de Direito da Universidade Federal de Minas Gerais*. Belo Horizonte, n. 37, p. 153-186, v. 63, julho 1999.
_____. Da greve ao boicote: os vários significados e as novas possibilidades das lutas operárias. In: HENRIQUE, Carlos Augusto Junqueira; DELGADO, Gabriela Neves (coords.). *Trabalho e movimentos sociais*. Belo Horizonte: Del Rey, 2008a. p. 105-130.
_____. Os paradoxos da prescrição: quando o trabalhador se faz cúmplice involuntário da perda de seus direitos. In: VIANA, Márcio Túlio; TERRA, Luciana Soares Vidal; SILVA JÚNIOR, Décio Abreu e (coords.). *Direito do trabalho e trabalhos sem direitos*. Belo Horizonte: Mandamentos, 2008b. p. 321-334.
YAMAGUTI, Catia Helena; BARBUGIANI, Luiz Henrique Sormani. A greve do servidor público sob a nova ótica do Supremo Tribunal Federal. *Revista LTr*: Legislação do Trabalho. São Paulo, v. 76, n. 4, p. 431-445, 2012.
ZANGRANDO, Carlos Henrique da Silva. *Curso de direito do trabalho*. São Paulo: LTr: 2008, tomo II.